essentials

Essentials liefern aktuelles Wissen in konzentrierter Form. Die Essenz dessen, worauf es als „State-of-the-Art" in der gegenwärtigen Fachdiskussion oder in der Praxis ankommt. *Essentials* informieren schnell, unkompliziert und verständlich

- als Einführung in ein aktuelles Thema aus Ihrem Fachgebiet
- als Einstieg in ein für Sie noch unbekanntes Themenfeld
- als Einblick, um zum Thema mitreden zu können

Die Bücher in elektronischer und gedruckter Form bringen das Fachwissen von Springerautor*innen kompakt zur Darstellung. Sie sind besonders für die Nutzung als eBook auf Tablet-PCs, eBook-Readern und Smartphones geeignet. *Essentials* sind Wissensbausteine aus den Wirtschafts-, Sozial- und Geisteswissenschaften, aus Technik und Naturwissenschaften sowie aus Medizin, Psychologie und Gesundheitsberufen. Von renommierten Autor*innen aller Springer-Verlagsmarken.

Julian Steigerwald · Carolin Durst

Corporate-Influencer-Programme

So gewinnen Unternehmen Mitarbeitende als digitale Markenbotschafter für LinkedIn

Julian Steigerwald
Aschaffenburg, Deutschland

Carolin Durst
Fakultät Wirtschaft
Hochschule Ansbach
Ansbach, Deutschland

ISSN 2197-6708   ISSN 2197-6716 (electronic)
essentials
ISBN 978-3-658-47981-7   ISBN 978-3-658-47982-4 (eBook)
https://doi.org/10.1007/978-3-658-47982-4

Die Deutsche Nationalbibliothek verzeichnet diese Publikation in der Deutschen Nationalbibliografie; detaillierte bibliografische Daten sind im Internet über https://portal.dnb.de abrufbar.

Das eingereichte Manuskript wurde ins Deutsche übersetzt. Die Übersetzung wurde mit künstlicher Intelligenz erstellt. Um eine hohe Qualität der Übersetzung zu gewährleisten, wurde sie anschließend von den Autor*innen inhaltlich geprüft und ggf. überarbeitet. In stilistischer Hinsicht kann sie sich dennoch von einer herkömmlichen Übersetzung unterscheiden.

© Der/die Herausgeber bzw. der/die Autor(en), exklusiv lizenziert an Springer Fachmedien Wiesbaden GmbH, ein Teil von Springer Nature 2025

Das Werk einschließlich aller seiner Teile ist urheberrechtlich geschützt. Jede Verwertung, die nicht ausdrücklich vom Urheberrechtsgesetz zugelassen ist, bedarf der vorherigen Zustimmung des Verlags. Das gilt insbesondere für Vervielfältigungen, Bearbeitungen, Übersetzungen, Mikroverfilmungen und die Einspeicherung und Verarbeitung in elektronischen Systemen.
Die Wiedergabe von allgemein beschreibenden Bezeichnungen, Marken, Unternehmensnamen etc. in diesem Werk bedeutet nicht, dass diese frei durch jede Person benutzt werden dürfen. Die Berechtigung zur Benutzung unterliegt, auch ohne gesonderten Hinweis hierzu, den Regeln des Markenrechts. Die Rechte des/der jeweiligen Zeicheninhaber*in sind zu beachten.
Der Verlag, die Autor*innen und die Herausgeber*innen gehen davon aus, dass die Angaben und Informationen in diesem Werk zum Zeitpunkt der Veröffentlichung vollständig und korrekt sind. Weder der Verlag noch die Autor*innen oder die Herausgeber*innen übernehmen, ausdrücklich oder implizit, Gewähr für den Inhalt des Werkes, etwaige Fehler oder Äußerungen. Der Verlag bleibt im Hinblick auf geografische Zuordnungen und Gebietsbezeichnungen in veröffentlichten Karten und Institutionsadressen neutral.

Springer Gabler ist ein Imprint der eingetragenen Gesellschaft Springer Fachmedien Wiesbaden GmbH und ist ein Teil von Springer Nature.
Die Anschrift der Gesellschaft ist: Abraham-Lincoln-Str. 46, 65189 Wiesbaden, Germany

Wenn Sie dieses Produkt entsorgen, geben Sie das Papier bitte zum Recycling.

Was Sie in diesem *essential* finden können

- Definition und Bedeutung von internen Markenbotschaftern
- Allgemeine Erfolgsfaktoren und Gestaltungsoptionen von Corporate-Influencer-Programmen
- Analyse der Erfolgsfaktoren zur Teilnahme an einem Corporate-Influencer-Programm
- Handlungsempfehlungen zur Gewinnung von Markenbotschaftern auf LinkedIn

Vorwort

In den letzten Jahren hat die digitale Transformation die Unternehmenskommunikation grundlegend verändert. Durch Social Media können Mitarbeitende heute zu **wichtigen Multiplikatoren** und somit zu **authentischen Fürsprechern** für Unternehmen werden. Insbesondere das Business-Netzwerk **LinkedIn,** das mit mehr als 25 Mio. deutschsprachigen Mitgliedern an Relevanz gewinnt, rückt dafür in den Fokus. Die auf **berufliche Inhalte** spezialisierte Plattform bietet die ideale Möglichkeit, um Mitarbeitende als sogenannte Corporate Influencer für die externe Wahrnehmung eines Unternehmens einzusetzen. Diese Entwicklung stellt Organisationen vor die Herausforderung, **gezielte Strategien zu entwickeln,** um eigene Mitarbeitende als Markenbotschafter zu gewinnen.

Obwohl die strategische Bedeutung von Corporate Influencern in vielen Unternehmen bekannt ist, fehlen bislang fundierte wissenschaftliche Erkenntnisse darüber, welche **Faktoren und Rahmenbedingungen** dazu beitragen, dass Mitarbeitende sich in dieser Rolle engagieren.

Dieses *essential* untersucht mittels einer empirischen Studie die **entscheidenden Einflussfaktoren** für die Teilnahme an solchen Programmen. Durch eine Conjoint-Analyse mit mehr als hundert Teilnehmern werden die entscheidenden Determinanten ermittelt. Auf dieser Basis werden Handlungsempfehlungen abgeleitet, wie Unternehmen Mitarbeitende erfolgreich für Corporate-Influencer-Programme – insbesondere auf LinkedIn – gewinnen können.

Aschaffenburg   Julian Steigerwald
Januar 2025

Inhaltsverzeichnis

1	**Neue Wege der Unternehmenskommunikation**	1
2	**Corporate Influencer**	5
	2.1 Definition und Abgrenzung	5
	2.2 Corporate-Influencer-Programme	8
	2.2.1 Erfolgsfaktoren aus Sicht der Mitarbeitenden	11
	2.2.2 Erfolgsfaktoren aus Sicht der Unternehmen	13
	2.3 Die Plattform LinkedIn	18
3	**Analyse der Erfolgsfaktoren**	21
	3.1 Modellentwicklung	21
	3.2 Conjoint-Analyse	24
	3.3 Datenerhebung und Stichprobe	27
	3.4 Ergebnisse	29
4	**Handlungsempfehlungen zur Gewinnung von Mitarbeitenden für Corporate-Influencer-Programme**	33
	4.1 Interne Community	34
	4.2 Transparenz & Vorbildfunktion	35
	4.3 Verständnis für die Unternehmenswerte	36

Zusammenfassung und Fazit 39

Was Sie aus diesem *essential* mitnehmen können 41

Literatur 43

Neue Wege der Unternehmenskommunikation 1

Die fortschreitende Digitalisierung, der Einsatz von künstlicher Intelligenz und die Vernetzung über Onlineplattformen beschleunigen den gesellschaftlichen Wandel und die Veränderungen im Marketing. Deshalb wird es immer wichtiger, auf echte, authentische und transparente Inhalte zu setzen (Ivens 2018; Mörk 2023). Eine Onlineumfrage des PaaS-Cloud-Dienstleisters Twilio Inc. zur digitalen Transformation in Deutschland zeigt, dass 93 % der 2569 befragten Unternehmensentscheider[1] nach innovativen Ansätzen für die Unternehmenskommunikation suchen (Kolossa et al. 2020). Gleichzeitig schwindet das Vertrauen in klassische Kommunikationswege, wodurch persönliche Empfehlungen an Bedeutung gewinnen. In diesem Kontext wird der sogenannte Corporate Influencer – ein Mitarbeitender, der das Unternehmen glaubwürdig repräsentiert – zum neuen, entscheidenden Vertrauensfaktor (Klein 2021).

Mitarbeitende übernehmen zunehmend die Rolle von Markenbotschaftern, auch bekannt als Corporate Influencer, und tragen aktiv zur externen Wahrnehmung des Unternehmens bei (Ivens 2018). Dieses Konzept erfährt nicht nur steigende Aufmerksamkeit in Unternehmen, sondern findet auch zunehmend gesellschaftliche und mediale Resonanz. So beschreibt die Süddeutsche Zeitung die Corporate Influencer als „eine neue Spezies in der Arbeitswelt" (Salzburger und Würminghausen 2023) und betont, wie diese Mitarbeitenden gezielt auftreten und das Unternehmen nach außen verkörpern. Corporate Influencing bezeichnet

---

[1] Aus Gründen einer besseren Lesbarkeit wird in diesem *essential* das generische Maskulinum verwendet. Weibliche und anderweitige Geschlechteridentitäten werden hierbei ausdrücklich eingeschlossen.

© Der/die Autor(en), exklusiv lizenziert an Springer Fachmedien Wiesbaden GmbH, ein Teil von Springer Nature 2025
J. Steigerwald und C. Durst, *Corporate-Influencer-Programme*, essentials,
https://doi.org/10.1007/978-3-658-47982-4_1

dabei die Verbreitung von unternehmensrelevanten Informationen durch Mitarbeitende über ihre persönlichen Profile speziell auf Social Media (Knappe 2021). Dieser neue Kommunikationsansatz verbindet Glaubwürdigkeit mit Authentizität und stärkt so das Vertrauen in die Marke.

Unternehmen, die von diesem Ansatz profitieren möchten, setzen dafür auf gezielte Corporate-Influencer-Programme. Diese haben zum Ziel, Mitarbeitende dazu zu motivieren, freiwillig über ihren Berufsalltag auf Social Media zu berichten und sich als authentische Botschafter der Arbeitgebermarke zu präsentieren (Lüthy 2023). Die Anzahl der Unternehmen, die bereits ein Corporate-Influencer-Programm implementiert haben, wird auf 300 bis 1000 geschätzt und wächst stetig weiter. Trotz dieser technischen Fortschritte und der erheblichen Investitionen in Corporate-Influencer-Programme, ist es bemerkenswert, dass ein Drittel solcher Initiativen letztendlich scheitert (Mathony 2023). Ein möglicher Grund dafür ist die mangelnde Bereitschaft, als Markenbotschafter für das Unternehmen zu fungieren. Diese Abneigung ist auf eine Vielzahl persönlicher, beruflicher und kultureller Faktoren zurückzuführen. Im Kern spiegelt dieser Widerstand ein komplexes Zusammenspiel zwischen der Beziehung von Mitarbeitenden zum Unternehmen, den von ihnen wahrgenommenen Risiken und Vorteilen sowie der allgemeinen Dynamik am Arbeitsplatz wider (Marcin 2024).

Das Business-Netzwerk *LinkedIn* hat sich als die bevorzugte Social-Media-Plattform für Corporate-Influencer-Programme etabliert. Mit seinem klaren Fokus auf berufliche Vernetzung unterscheidet es sich deutlich von anderen sozialen Netzwerken und hat sich in jüngster Zeit als führendes Medium für diese Form der Unternehmenskommunikation positioniert. Dieser Erfolg ist nicht zuletzt auf die starke Wachstumsdynamik im DACH-Raum zurückzuführen (Ebner und Eck 2022; Klein 2021; Radde 2021).

In den letzten Jahren haben erfahrene Unternehmenskommunikationsexperten wie Ebner, Eck, Hoffmann, Klein, Lüthy, Stürmer oder Zayats sowie Social-Media-Spezialisten wie Radde, Reck oder Flores Willers verschiedene Erfolgsfaktoren für Corporate-Influencer-Programme entwickelt. Obwohl diese Programme zunehmend an Bedeutung gewinnen, wurde in der noch jungen Fachliteratur bisher kaum untersucht, welche Präferenzen und Einflussfaktoren Mitarbeitende zur Teilnahme an einem Corporate-Influencer-Programm, insbesondere auf *LinkedIn,* motivieren. Lüthy (2020, 2023), Ebner und Eck (2022), Hoffmann (2020), Klein (2021), Sturmer (2020) und Zayats (2020) haben in ihrer Literatur sowohl für Unternehmen als auch für die Mitarbeitenden selbst eine Reihe an Einflussfaktoren detailliert beschrieben und auch die unterschiedlichen Varianten und Möglichkeiten der Initiierung sowie Durchführung eines Corporate-Influencer-Programms erläutert. Diesen wurden jedoch bisher keine begründete und nachgewiesene Wertung bezüglich der Wichtigkeit gegeben. Aufgrund der zahlreichen Faktoren gibt es keine einheitliche Lösung, da jedes Programm individuell auf die Mitarbeitende zugeschnitten werden muss (Knappe 2021). Bisher ist jedoch unklar, welche Faktoren für die Mitarbeitenden besonders wichtig sind und wie diese deren Entscheidung beeinflussen, an einem solchen Programm auf *LinkedIn* teilzunehmen.

Dieses *essential* untersucht die Bedeutung einzelner Faktoren, indem sie mithilfe einer Conjoint-Analyse miteinander in Beziehung gesetzt und somit klar in ihrer Relevanz unterschieden werden. Dies ist insbesondere für Unternehmen von großer Bedeutung, die planen, ein Corporate-Influencer-Programm einzuführen. Die Analyse bietet eine fundierte Grundlage, um den Rahmenbedingungen eine nachgewiesene Gewichtung zu verleihen. Dadurch können bereits im Vorfeld optimale Voraussetzungen geschaffen werden, um Mitarbeitende zur Teilnahme an einem solchen Programm zu motivieren.

Corporate Influencer 2

2.1 Definition und Abgrenzung

Der Corporate Influencer ist in erster Linie ein Mitarbeitender innerhalb eines Unternehmens, dessen Hauptverantwortung darin besteht, die spezifischen Aufgaben seiner Abteilung zu erfüllen. Nebenbei agieren diese Mitarbeitenden, bewusst oder unbewusst, als Botschafter für die Marke des Unternehmens, sobald sie das Unternehmen in ihrem persönlichen oder beruflichen Umfeld erwähnen und sich damit in Verbindung bringen (Ebner und Eck 2022). „Der Begriff ‚Corporate Influencer' entstand als Antwort auf die Erfolge des ‚Influencer Marketings'" (Zayats 2020, S. 121). Der Corporate Influencer sollte aber nicht mit dem allgemeinen Begriff „Influencer" verwechselt werden, da dieser bei vielen Menschen negative Assoziationen und Skepsis hervorrufen kann. Influencer im klassischen Sinne werden als externe, bezahlte Werbetreibende eingesetzt, während die Rolle der Corporate Influencer weitreichender ist (Hoffmann 2020). Ein Corporate Influencer veröffentlicht im offiziellen Auftrag des Unternehmens Beiträge auf seinem persönlichen Social-Media-Profil, insbesondere auf Plattformen wie *LinkedIn*, *Xing* oder *Twitter*, auf denen er sein spezifisches Fachwissen aus der jeweiligen Abteilungen nutzt (Ebner und Eck 2022). Die Veröffentlichungen der Corporate Influencer verfolgen unterschiedliche Ziele, wie beispielsweise das Stärken der Arbeitgebermarke, die Steigerung der Markenbekanntheit, die Generierung von Leads oder die Förderung der Kundenbindung. Diese Aktivität hat zwangsläufig Auswirkungen auf das Verständnis der Marke, sowohl intern als auch extern (Ebner und Eck 2022; Knappe 2021). Durch ihre unmittelbare Nähe zur Branche sind Corporate Influencer in der Lage, frühzeitig auf Veränderungen im Markt, im Wettbewerbsumfeld und bei neuen Entwicklungen aufmerksam zu werden und gegebenenfalls darauf zu reagieren, um den kontinuierlichen Wandel im Geschäftsumfeld zu antizipieren und zu beeinflussen (Bergk und Slomian 2018).

Diesen Gedanken weiterführend ersetzt der Begriff „Corporate Influencer" den Begriff „Markenbotschafter" zunehmend im deutschen Sprachgebrauch. Dies liegt daran, dass Markenbotschafter im weiteren Sinne auch externe Testimonials sein können, wie zum Beispiel prominente Persönlichkeiten oder Social-Media-Influencer, die eigenständig für Unternehmen werben (Hoffmann 2022). Synonyme für den allgemeinen Begriff des Corporate Influencers, lauten „Jobbotschafter, Unternehmensbotschafter oder Arbeitgebermarkenbotschafter" (Lüthy 2023, S. 502). Ein weiterer Begriff, der in diesem Zusammenhang häufig vorzufinden ist, ist die „Employee Advocacy" (Hoffmann 2020). Dieser besagt, dass Corporate Influencer Unternehmensinhalte verbreiten, sodass Unternehmen ihre Botschaften nicht nur über ihre eigenen Kanäle weitertragen, sondern auch gezielt durch ihre Mitarbeitende kommunizieren lassen, um ihre Reputation zu stärken und Produkte und Dienstleistungen zu empfehlen (Team HR 2019).

Ein wesentlicher Unterschied zwischen Corporate Influencern und „klassischen Influencern" liegt in der Größe ihrer Follower-Gemeinschaft. Während klassische Influencer oft Millionen von Followern erreichen und damit eine breite, eher allgemeine Zielgruppe ansprechen, konzentrieren sich Corporate Influencer auf spezialisierte Nischenthemen. Mit einer entsprechend kleineren, aber fachkundigen Zielgruppe positionieren sie sich als Experten in ihren spezifischen Fachbereichen. Dabei agieren sie als strategische Partner für Unternehmen, um deren Markenbotschaften gezielt und präzise in relevanten Fachkreisen zu platzieren (Callebaut 2022).

An dieser Stelle ist es noch wichtig auf die Rolle und den Begriff der Personal Brand, also der Personenmarke, im Rahmen des Corporate Influencings einzugehen. Obwohl Personal Branding und Corporate Influencing grundsätzlich unterschiedliche Ansätze verfolgen, überschneiden sich in der Praxis einige Aspekte.

Der wesentliche Unterschied zwischen den beiden Konzepten liegt in ihrem Fokus und ihrer Anwendung. Beim Personal Branding steht die Positionierung einer Person als individuelle Marke im Vordergrund, um deren Expertise sichtbar zu machen. Im Gegensatz dazu zielt Corporate Influencing darauf ab, im Namen des Unternehmens zu kommunizieren und die Unternehmensmarke zu stärken. Der Schwerpunkt liegt beim Personal Branding auf der Person selbst, während beim Corporate Influencer das Unternehmen im Mittelpunkt steht. Dennoch schließen sich beide Ansätze nicht aus, da ein Corporate Influencer gleichzeitig auch eine Personal Brand sein kann (Uniconsult Kiel o. J.). Die entscheidende

2.1 Definition und Abgrenzung

Komponente bei dieser Entwicklung vom Corporate Influencer hin zur Personal Brand ist die klare Positionierung, die nicht nur eine hohe Relevanz in der eigenen Nischen-Community schafft, sondern auch darüber hinaus die Möglichkeit zur Meinungsbeeinflussung eröffnet. Ein Corporate Influencer wird zum Branchenexperten und damit zur Personal Brand, indem er sich langfristig auf ein bestimmtes Themenfeld spezialisiert und kontinuierlich hochwertigen sowie authentischen Content bereitstellt – oft über mehrere Jahre hinweg (Ebner und Eck 2022).

Corporate Influencer agieren somit als interne Multiplikatoren, die Botschaften, Unternehmenswerte und das Image nach außen tragen. Multiplikatoren sind spezielle Personengruppen, die aufgrund ihrer Expertise in einem bestimmten Bereich eine bestimmte Zielgruppe mit relevanten Inhalten erreichen können. Corporate Influencer werden daher im PESO-Modell (siehe Abb. 2.1) in die Kategorien Owned & Shared Media eingeordnet und agieren als Meinungsführer im Namen des Unternehmens (Schach und Lommatzsch 2018). Abb. 2.1 verdeutlicht die Unterscheidung und Einordnung der Corporate Influencer unter den Multiplikatoren und hebt gleichzeitig den Unterschied zu klassischen Influencern hervor.

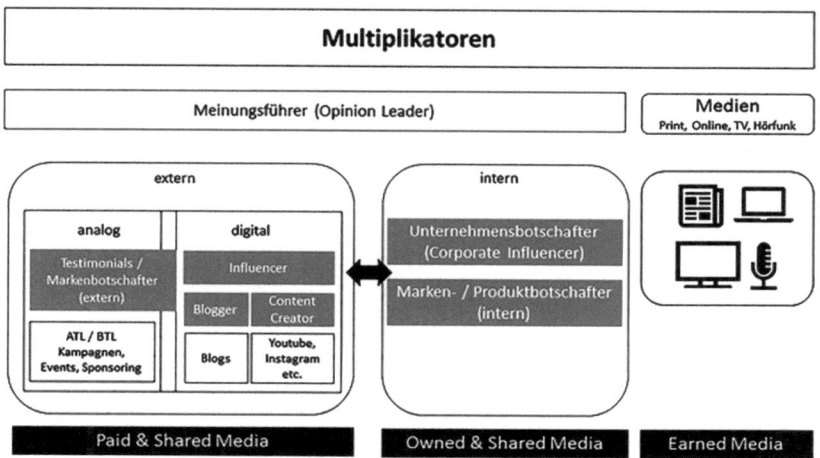

Abb. 2.1 Einordnung der Multiplikatoren. Übernommen aus Botschafter, Blogger, Influencer: Eine definitorische Einordnung aus der Perspektive der Public Relations (Schach und Lommatzsch 2018)

Erfolgreiche Corporate Influencer verleihen dem Unternehmen ein menschliches Gesicht und zeigen stets uneingeschränktes Engagement für ihren Arbeitgeber. Wenn Mitarbeitende anstelle des Unternehmens Botschafter für die Inhalte sind, wird ihr ausdrückliches Interesse an der vermittelten Botschaft offenkundig. Abschließend lässt sich festhalten, dass ein Corporate Influencer ein unternehmensinterner Markenbotschafter ist, der durch seine persönliche digitale Social-Media-Präsenz als Multiplikator von Markenbotschaften und Markenwerten dient und somit aktiv zur Unternehmensreputation beiträgt. Es kommt so zu einer Personifizierung der Kommunikation.

2.2 Corporate-Influencer-Programme

In jedem Unternehmen gibt es bereits Corporate Influencer, da viele Mitarbeitende unbewusst als interne Markenbotschafter agieren. Sie handeln im Interesse des Unternehmens, indem sie in sozialen Netzwerken Inhalte posten, liken, kommentieren oder teilen, was sie klar mit ihrem Arbeitgeber in Verbindung bringt (Hoffmann 2020). Allerdings verzichten einige Unternehmen darauf, diese Mitarbeitenden gezielt zu unterstützen, was sich negativ auf die Qualität der Corporate Influencer auswirken kann (Ottersbach 2020). Ein Corporate Influencer sollte dabei niemals eigenmächtig versuchen, die Ausrichtung eines Unternehmens zu ändern, sondern stattdessen im Team gemeinsam einen neuen Weg einschlagen (Schach und Lommatzsch 2018).

Professionell konzipierte Corporate-Influencer-Programme unterstützen Mitarbeitende gezielt dabei, ihre Rolle als digitale Markenbotschafter erfolgreich auszufüllen. Im Rahmen dieser Programme erstellen Mitarbeitende relevante Inhalte, um diese auf Social Media zu teilen. Dieser Content soll einerseits das Unternehmen sowie seine Produkte oder Dienstleistungen positiv präsentieren, andererseits soll er die Mitarbeitenden als Experten in der Branche positionieren (Knappe 2021). Die Programme forcieren sozusagen eine Win–Win-Situation für das Unternehmen und die beteiligten Corporate Influencer.

Corporate-Influencer-Programme spielen auch im Employer Branding eine wichtige Rolle, besonders im Kontext des Fachkräftemangels. Angesichts der begrenzten Reichweite traditioneller Stellenanzeigen geben moderne Ansätze wie Corporate-Influencer-Programme neue Impulse. Mitarbeitende berichten authentisch und persönlich über das Arbeitsumfeld, was potenziellen Bewerbenden wertvolle Einblicke gewährt. Diese authentische Kommunikation macht sie gleichzeitig zu „Ko-Recruitern" (Lüthy 2023, S. 500). Dabei ist es oft von Vorteil,

2.2 Corporate-Influencer-Programme

Mitarbeitende aus verschiedenen Unternehmensbereichen und Hierarchiestufen einzubeziehen, um eine vielseitige Perspektive zu bieten (Ebner und Eck 2022).

Bisher gibt es keine validen Zahlen, wie viele offizielle Corporate-Influencer-Programme im deutschsprachigen Raum existieren. Dies liegt zum einen daran, dass Unternehmen nur selten öffentlich über ihre Corporate-Influencer-Programme sprechen und zum anderen, dass bei einigen Social-Media-Profilen von digitalen Markenbotschaftern nicht eindeutig zu erkennen ist, ob sie innerhalb eines unternehmenseigenen Programms agieren oder dies eigenständig beziehungsweise eigenmotiviert tun (Ebner und Eck 2022). Der Experte Klaus Eck sprach im März 2022 von etwa 300 bis 1000 Unternehmen in Deutschland, die bereits ein Corporate-Influencer-Programm implementiert haben (Scheller 2022). Mittlerweile dürften es mehr als 1000 sein (Stellenanzeigen.de 2023). Ein Vorreiter ist der Onlineversandhandel *OTTO*, welcher bereits zum Ende des Jahres 2017 das Potenzial erkannte und sich bewusst dazu entschied, Corporate Influencer in seine Strategie der Unternehmenskommunikation einzubinden. Ziel des Programms war es, potenziellen Bewerbern im Voraus die Gelegenheit zu bieten, sowohl die dort beschäftigten Arbeitnehmer als auch das vorherrschende Arbeitsumfeld zu erkunden. In einem Zeitraum von drei Jahren gelang es dem Unternehmen, über 200 Angestellte in das firmeninterne Programm einzubinden (Lüthy 2020). Auch das E-Commerce-Unternehmen *SNOCKS* gilt mit ihrem Corporate-Influencer-Programm auf *LinkedIn* als Best Practice. Mehr als zehn Mitarbeitende, was etwa zehn Prozent des gesamten Teams sind, posten regelmäßig interessante Beiträge und generieren dadurch mehr als 500 Bewerbungen pro Monat (Müller 2024; Reck 2023).

Corporate-Influencer-Programme weisen in ihrer Struktur und Abwicklung keine standardisierten Vorgaben auf, da sie individuell an die Bedürfnisse und Mitarbeitenden eines Unternehmens angepasst sind. Dennoch ist es ratsam, gemeinsam mit den Corporate Influencern ein Leitbild, eine Mission und klare Ziele zu entwickeln (Knappe 2021). So kann es je nach Unternehmensziel in verschiedenen Formen aufgesetzt werden und unterschiedliche Ansätze verfolgen. Nach der Fachzeitschrift *Schluetersche Marketing* gibt es zwei verschiedene Ansätze, wie Mitarbeitende zu digitalen Markenbotschaftern werden können (Flenter 2022):

(1) Gezielte Auswahl und Schulung Dieser Ansatz setzt darauf, gezielt geeignete Mitarbeitende aus dem Unternehmen auszuwählen und sie als Corporate Influencer zu schulen. Bei dieser Strategie liegt der Fokus insbesondere auf social-media-affinen Personen, die bereit sind, detaillierte Einblicke in ihren Arbeitsalltag zu gewähren (Flenter 2022; Ottersbach 2020). Obwohl dieser Ansatz vielversprechend erscheint, scheitern langfristig zwei Drittel solcher Programme, meist aufgrund mangelnder Motivation und Akzeptanz der Beteiligten (Keller und Price 2011). Infolgedessen erweist sich dieser Ansatz auf lange Sicht als weniger erfolgsversprechend (Ebner und Eck 2022). Ausgangspunkt für die Umsetzung von Corporate-Influencer-Programmen sollte immer das individuelle Interesse der Mitarbeitenden sein (Ebner und Eck 2022).

(2) Freiwillige Mitarbeitende Der zweite Ansatz bezieht sich auf Mitarbeitende, die von sich aus eine aktive Präsenz in den sozialen Medien entwickeln und in die Rolle des Corporate Influencers schlüpfen, ohne dass explizite Aufforderungen erforderlich sind (Flenter 2022). Oftmals beginnt so eine Initiative zunächst mit der Ausschreibung eines Corporate-Influencer-Programms, bei dem interessierte Mitarbeitende die Möglichkeit haben, sich dafür zu bewerben. Hierbei ist aber zu beachten, dass nicht jeder Mitarbeitende für das Programm geeignet ist, auch wenn er von sich aus daran teilnehmen möchte. Aus diesem Grund ist es ratsam, ein Anforderungsprofil für den idealen Corporate Influencer bereits im Vorfeld anzufertigen (Ebner und Eck 2022; Lüthy 2023). Die Rücklaufquote einer solchen Ausschreibung liegt nach den Erkenntnissen jedoch im einstelligen Prozentbereich, was für die Schwierigkeit der Rekrutierung von Corporate Influencern spricht (Eck 2023; Lüthy 2023). Ergänzend dazu gilt die Tatsache, dass die geeignetsten Corporate Influencer nicht zwangsläufig die Mitarbeitenden mit dem höchsten Rang im Unternehmen oder der umfangreichsten Berufserfahrung sind (Falkenberg 2023). Stattdessen zeigen diese Mitarbeitenden in der Regel eine natürliche Neigung zur Eigeninitiative und eine intrinsische Motivation, ihre Fachgebiete vertiefen zu wollen und ihr aufgebautes Wissen mit anderen zu teilen. Darüber hinaus verfügen sie über ein grundlegendes Verständnis und sind in der Lage, Trends frühzeitig zu erkennen und für ihre Zwecke zu nutzen (Ebner und Eck 2022). Beispiele wie das Corporate-Influencer-Programm von *Henkel* zeigen, dass eine sorgfältige Auswahl zu erfolgreichen Ergebnissen führen kann. Aus 70 Bewerbungen wurden in einem Casting, basierend auf individuellen Pitches und Social-Media-Postings, 15 „Faces of Henkel" ausgewählt, die das Unternehmen repräsentieren (The People Branding Company 2024).

Dieses Beispiel unterstreicht, dass für eine Pilotphase nur bis zu zwanzig Mitarbeitende eingesetzt werden sollten, was je nach Unternehmensgröße und Erfahrungswerten nach oben skaliert werden kann. Die Intention einer kleineren Testgruppe liegt in der zeitintensiven Betreuung und Schulung (Ebner und Eck 2022). Wer für das Corporate-Influencer-Programm verantwortlich ist, gilt als umstritten. Es

„streiten" sich Marketing, Kommunikation und auch HR um das Thema. Idealerweise arbeiten diese Bereiche zusammen, um gemeinsam ein erfolgsversprechendes Programm zu entwickeln (Eck et al. 2022a).

2.2.1 Erfolgsfaktoren aus Sicht der Mitarbeitenden

Nach Tomczak et al. (2012) müssen Mitarbeitende drei wesentliche Voraussetzungen erfüllen, um erfolgreich als Corporate Influencer für das Unternehmen zu handeln. Diese Voraussetzungen gelten auch gleichzeitig als Einflussfaktoren aus Sicht der Mitarbeitenden, die den Erfolg eines Corporate-Influencer-Programms gewährleisten:

(1) **Verständnis für die Unternehmenswerte (Wissen)** Als Grundvoraussetzung zur erfolgreichen Gestaltung eines Corporate-Influencer-Programms gilt, dass sich die Mitarbeitenden wohlfühlen, zufrieden sind und sich mit den Werten des Unternehmens identifizieren können. Dazu zählen vor allem Vertrauen, Anerkennung, Respekt, Transparenz sowie Mitspracherecht (Lüthy 2020). Lüthy (2023, S. 500) geht in der neueren Ausgabe des Herausgeberwerks noch einen Schritt weiter und sagt:

> „Mitarbeiter:innen werden nur dann – freiwillig und ohne extra Bezahlung – als Corporate Influencer tätig, wenn sie in einer von absolutem Vertrauen geprägten Unternehmenskultur arbeiten, ihre Arbeit sinnhaft ist und sie wissen, wofür das Unternehmen steht."

Der Corporate Influencer muss ein tiefes Verständnis für die Identität der Marke besitzen und verstehen, wie sein Verhalten die Marke beeinflusst (Tomczak et al. 2012). Daniel Hesmer sagt über seine ehemalige Rolle als Vertriebschef des Maschinenbauunternehmens *Knauf* und gleichzeitig begeisterter Corporate Influencer (Ebner und Eck 2022, S. 28):

> „[Man benötigt] eine tiefe Verwurzelung mit der Marke, den Menschen in der Organisation und vor allem den Kunden und der Branche. Das ist alles gepaart mit Authentizität, darauf Bock haben, Einblicke zu gewähren und Interessierte mit auf eine Reise zu nehmen."

Zu diesem tiefen Verständnis gehören auch die Mission und Vision des Unternehmens, die vom Corporate Influencer nicht nur verstanden, sondern auch aktiv gelebt werden müssen (Sturmer 2020). Nur mit einem klaren Bewusstsein für die Unternehmenswerte, die Markenidentität und deren Vision können Corporate Influencer authentisch auftreten und das Unternehmen glaubwürdig nach außen repräsentieren.

(2) Die Motivation & Benefits dahinter (Wollen) Der Corporate Influencer muss nicht nur ein starkes Commitment zum Unternehmen zeigen, sondern auch die innere Motivation besitzen, sich in den sozialen Medien zu engagieren (Tomczak et al. 2012). Beim Corporate Influencing ist die intrinsische Motivation eines Mitarbeitendes von großer Bedeutung, „denn Corporate Influencing lebt von Freiwilligkeit" (Moormann 2021). Thomas Reck (2023), Gründer von *insight consulting,* einer führenden *LinkedIn-*Agentur, bestätigt dies mit der Aussage, dass nur ein Bruchteil der Mitarbeitenden die Motivation besitzt, über einen längeren Zeitraum als Corporate Influencer zu agieren. Die Beweggründe für Corporate Influencer sind oft persönlicher Natur. Dazu zählen insbesondere der Wunsch nach beruflicher Weiterentwicklung, der Aufbau einer starken Personal Brand und die Erweiterung des beruflichen Netzwerks. Diese Faktoren machen Corporate Influencing für viele Mitarbeitende attraktiv, da es ihnen ermöglicht, sich auf Social Media zu positionieren und gleichzeitig wertvolle Verbindungen zu knüpfen, die ihre Karrierechancen nachhaltig verbessern können (Ebner und Eck 2022). Darüber hinaus müssen Corporate Influencer die Bereitschaft besitzen, Feedback anzunehmen und Fehler zuzulassen (Eck et al. 2022a). Diese Offenheit trägt dazu bei, dass sie authentisch agieren und sich gleichzeitig kontinuierlich weiterentwickeln.

(3) Vorliegende Kompetenzen (Können) Der digitale Markenbotschafter sollte über die erforderlichen Kompetenzen verfügen, um die Werte der Marke überzeugend an die Zielgruppen zu vermitteln (Tomczak et al. 2012). Bei der Kompetenz im Social-Media-Verhalten spricht Kommunikationsexpertin Dr. Kerstin Hoffmann im Podcast *Corporate Influencer in der Unternehmenskommunikation – das solltet ihr wissen!* von einer Gaußschen Normalverteilung und teilt damit die Mitarbeitende in drei Kategorien auf: Die wenigen, die Social Media ablehnen, die breite Masse, die durchschnittlich aktiv auf sozialen Netzwerken agiert und wiederum die wenigen Social-Media-Profis (Ottersbach 2020). Wie ein Unternehmen dies für sich nutzen kann, wird bei den Einflussfaktoren aus Sicht der Unternehmen erörtert.

2.2.2 Erfolgsfaktoren aus Sicht der Unternehmen

Aus der vorhandenen Literatur und der Fülle an Faktoren können diese in insgesamt neun essenzielle Erfolgsfaktoren heruntergebrochen werden, die aus Sicht der Unternehmen maßgeblich zum Erfolg eines Corporate-Influencer-Programms beitragen und dieses beeinflussen können.

(1) Transparenz & Vorbildfunktion Ein erfolgreicher Start eines Corporate-Influencer-Programms beginnt mit der Überzeugung des Topmanagements vom Potenzial und den Zielen der Initiative (Reck 2023). Es ist entscheidend, dass die Führungsebene nicht nur hinter dem Programm steht, sondern dies auch transparent an die Mitarbeitenden kommuniziert. Dabei sollte der Fokus des Programms weniger auf den Führungskräften selbst, sondern vielmehr auf den Mitarbeitenden liegen, die als zentrale Akteure die Bühne einnehmen (Zayats 2020). Ein Vorbild in dieser Hinsicht ist Tim Höttges, CEO der *Deutsche Telekom AG,* der 2018 aktiv das Gespräch mit den Corporate Influencern suchte. So sorgte er einerseits für eine Motivation und zeigte den Corporate Influencern, dass er dahinter steht (Eck et al. 2022a). Ähnlich agierte Dr. Jens Baas, Vorstandsvorsitzende der *Techniker Krankenkasse,* der beim Kick-Off-Event des Corporate-Influencer-Programms persönlich anwesend war und seine Mitarbeitende ermutigte, daran teilzunehmen (Baas 2023). Das Gleiche tat auch Daniel Grieder, CEO der *HUGO BOSS AG,* beim Start des Programms der digitalen Markenbotschafter (Grieder 2023). Diese beiden Beispiele verdeutlichen, wie wichtig es ist, dass die oberste Führungsriege nicht nur das Potenzial eines Corporate-Influencer-Programms erkennt, sondern aktiv daran mitwirkt, eine authentische und motivierende Grundlage für den Erfolg der Initiative zu schaffen.

(2) Strukturiertes Onboarding Ein klar strukturiertes Onboarding ist entscheidend, um die Mitarbeitenden optimal auf ihre Rolle als Corporate Influencer vorzubereiten. Dieser Prozess beginnt mit der Festlegung klarer Rollen und Aufgaben, damit die Teilnehmenden von Anfang an eine präzise Vorstellung davon haben, was sie im Programm erwartet. Ein zentraler Bestandteil des Onboardings ist die Schulung im Umgang mit Social Media, da die Kompetenz der Mitarbeitenden in Bezug auf Social Media stark variieren kann. Deshalb ist es wichtig, ihre Kenntnisse zu bewerten und sie entsprechend zu schulen (Ebner und Eck 2022). Nach Stephan Grabmeier, ehemaliger Head of Culture Initiatives and Digital Transformation bei der *Deutsche Telekom AG,* müssen Unternehmen „mit allen Reifegraden an Social-Media-Nutzern umgehen können" (Zayats 2020, S. 125). Es sollte darüber hinaus der Eindruck vermieden werden, dass von Corporate Influencern erwartet wird, lediglich Unternehmensinhalte ohne tiefgreifendes Fachwissen zu kommunizieren, um Kosten zu sparen (Gebel 2020). Ein weiterer Punkt im Prozess ist ein professionelles Fotoshooting für die Mitarbeitenden zu Beginn des Programms, um ein einheitliches Bild abzugeben (Eck et al. 2022a). Ein strukturiertes Onboarding stellt sicher, dass Mitarbeitende gut vorbereitet sind und mit den notwendigen Kompetenzen und Ressourcen ausgestattet werden, um das Corporate-Influencer-Programm erfolgreich zu gestalten.

(3) Social-CEO & Mentoring Da Mitarbeitende erfahrungsgemäß unterschiedliche Kenntnisse im Bereich Social Media aufweisen, kann ein Unternehmen dies zu seinem Vorteil nutzen, indem es erfahrene Social-Media-Nutzer als Mentoren einsetzt. Diese Mentoren können denjenigen, die sich dem Corporate-Influencer-Programm anschließen, zur Seite stehen. Sie bieten Unterstützung, begleiten sie und dienen während des Programms als primäre Ansprechpartner (Hoffmann 2020). Auch eigens dafür eingerichtete „Sprechstunden" können dabei sinnvoll sein (Eck et al. 2022a). Bei der *Deutsche Telekom AG* beispielsweise erhalten digitalen Markenbotschafter während einer halbjährigen Einführungsphase kontinuierliches Feedback und Unterstützung von einer Großzahl an Mentoren, um Ziele zu setzen, eigene Ideen einzubringen und Eigeninitiative zu fördern (Ebner und Eck 2022). Während Lüthy (2023, S. 502) lediglich von „Kommunikationsexperten als Ansprechpartner im Unternehmen" spricht, sollte aus Sicht von Hoffmann (2020) zusätzlich ein „Social-CEO" benannt werden, der als direkte und erste Ansprechperson für Corporate Influencer dient und gleichzeitig den Überblick über alle Social-Media-Aktivitäten der digitalen Markenbotschafter behält. Sie hält es von entscheidender Bedeutung, mindestens eine verantwortliche Person im Unternehmen zu haben, die diese Rolle übernimmt. Nach Aussage der Kommunikationsexpertin Marina Zayats (2020, S. 178) sollte es

> „immer jemanden auf Unternehmensseite geben, der die Initiative verantwortet und vorantreibt, jemand, der Herzblut für das Thema mitbringt, einen langen Atem hat und selbst als Corporate Influencer mit gutem Beispiel vorangeht."

(4) Social-Media-Guidelines Die Social-Media-Richtlinien von Unternehmen können oftmals als Grundlage für die Ausweitung auf das Corporate Influencer-Programm dienen, sind jedoch häufig veraltet und bieten wenig Unterstützung für aktive Social-Media-Nutzer, insbesondere in Bezug auf die Verbindung zwischen Beiträgen und dem Unternehmen. Der Schwerpunkt dieser Richtlinien liegt häufig auf der Sensibilisierung für rechtliche Fragen und der Vermeidung von Fehlern,

2.2 Corporate-Influencer-Programme

während die aktive Kommunikation in sozialen Medien und die Einbindung der Mitarbeitenden in die Unternehmenswerte oft vernachlässigt werden (Ebner und Eck 2022). Aus diesem Grund ist es essenziell, dass Unternehmen gezielte Social-Media-Richtlinien implementieren, welche die Aktivitäten der Corporate Influencer in den sozialen Medien mit den fundamentalen Unternehmenswerten in Einklang bringen. Diese Richtlinien sollten über konventionelle Geheimhaltungsvereinbarungen und Arbeitsplatzrichtlinien hinausgehen und Elemente des Behavioral Branding integrieren. Dies umfasst beispielsweise den Sprachgebrauch und die Verhaltensregeln, welche die Unternehmenswerte und Markenbotschaften unterstützen (Hoffmann 2020; Tomczak et al. 2012). Eck et al. (2022a) nennen dies sinngemäß „Stolperfallen vermeiden". Um die Wirksamkeit dieser Richtlinien zu gewährleisten, sollten sie nicht in einer rein bürokratischen Textform auf Papier präsentiert werden, sondern auf eine visuelle, ansprechende und spielerische Art und Weise an angehende Corporate Influencer vermittelt werden (Ebner und Eck 2022). Klar formulierte, praxisnahe und inspirierend gestaltete Social-Media-Guidelines sind unerlässlich, um Corporate Influencern eine sichere und zugleich zugängliche Grundlage für ihre Aktivitäten zu bieten.

(5) Content Library & Support In der Unterstützung von Corporate Influencern spielt die Bereitstellung einer Inhaltsbibliothek, die auch Content Library oder Content Hub genannt wird, eine entscheidende Rolle. Unternehmen sollten diese Ressourcen nutzen, um digitalen Markenbotschaftern eine inspirierende Quelle für Inhalte zu bieten (Hoffmann 2020). In diesen Bibliotheken stehen den Mitarbeitenden Bilder, Videos, Statistiken und relevante Informationen zur Verfügung, die nicht nur Zeit bei der Recherche einsparen, sondern auch die Kreativität fördern. Ein weiterer Vorteil liegt darin, dass rechtliche Fragen zur Veröffentlichung im Voraus geklärt werden können, da die Materialien innerhalb der Unternehmensrichtlinien liegen (Knappe 2021). Es ist jedoch von entscheidender Bedeutung in diesen Ressourcen eine klare Linie zwischen Inspiration und Vorschrift zu ziehen. Unternehmen sollten Corporate Influencern nicht vorschreiben, sondern sie lediglich inspirieren. Strikte Vorgaben können das Programm als inszeniert und nicht authentisch erscheinen lassen. Daher sollte der Schwerpunkt auf gemeinsamer Content-Kreation statt dem berüchtigten „Ghostwriting" liegen, wodurch der Corporate Influencer aktiv an der Gestaltung des Contents beteiligt ist (Scheller 2022). Unternehmen können im weiteren Verlauf spezielle Tools für die Content-Erstellung in Betracht ziehen. Ein neuer Aspekt ist der Vormarsch von KI-gestützter Unterstützung bei der Content-Erstellung, beispielsweise mit dem Tool *ChatGPT*, was maßgeblich zur Schnelllebigkeit des Contents beiträgt. So können Corporate Influencer über das Tool Fragen stellen, sich inspirieren sowie sich die „Angst vor dem weißen Blatt" (Eck et al. 2023) nehmen lassen. Trotzdem muss am Ende immer der Mitarbeitende die Endkontrolle haben und den Content auf Inhalt und Richtigkeit überprüfen, da die menschliche nicht durch eine künstliche Intelligenz zu ersetzen ist. Auch aufgrund von datenschutzrechtlichen Gründen ist diese Hilfestellung mit Vorsicht zu genießen (Eck et al. 2023). Ein gesundes Maß an inhaltlichem Support inspiriert Corporate Influencer, fördert kreative Eigeninitiative und schafft eine Balance zwischen Unterstützung und authentischer, selbst gestalteter Kommunikation.

(6) Zeit zum Corporate Influencing Corporate Influencing erfordert sowohl Zeit als auch Engagement, da die Vorbereitung von Inhalten, der Austausch im Netzwerk und die Verbreitung von Content in den sozialen Medien Zeit in Anspruch nehmen. Diese Zeit muss dem Mitarbeitenden eingeräumt werden (Schach und Lommatzsch 2018). Es geht darum, genügend Zeit(-reserven) einzuplanen, um während der offiziellen Arbeitszeit Content zu generieren, zu teilen und der Interaktion mit den Followern nachzugehen (Lüthy 2023). Um dieses Zeitproblem zu bewältigen, können Unternehmen dem Beispiel der Firma *LV 1871* folgen und digitalen Markenbotschaftern zwischen zweieinhalb und fünf Stunden pro Woche für ihre Aktivitäten einräumen (Ebner und Eck 2022). Viele Unternehmen agieren bereits ähnlich und stellen den Mitarbeitenden wöchentlich etwa zweieinhalb Stunden Zeit zur Verfügung (Eck et al. 2022a). Die Bereitstellung fester Zeitressourcen während der Arbeitszeit ist demnach sinnvoll, um Corporate Influencern die aktive Teilnahme am Programm zu ermöglichen.

(7) Vertrauen und gesunde Fehlerkultur Vertrauen und eine gesunde Fehlerkultur sind für den Erfolg von Corporate-Influencer-Programmen unerlässlich, denn Unternehmen sollten sich bewusst sein, dass Fehler im Social-Media-Auftritt von Corporate Influencern nicht nur möglich sind, sondern sogar sehr wahrscheinlich vorkommen (Hoffmann 2020). Um eine gesunde Fehlerkultur zu etablieren, ist Vertrauen entscheidend. Corporate Influencer sollten sich in der Lage fühlen, Fehler ohne Angst vor schwerwiegenden Konsequenzen zuzugeben, da dies der erste Schritt zur Fehlerbewältigung ist (Hoffmann 2020). Corporate Influencer sollten die Freiheit haben, unabhängig auf ihren Kanälen zu agieren, ohne ihre Meinungsfreiheit zu verlieren (Ebner und Eck 2022). Darüber hinaus ist es ratsam, Krisenkommunikationsszenarien im Unternehmen zu entwickeln, um bereits im Vorfeld festzulegen, wie auf bestimmte Ereignisse reagiert werden soll (Hoffmann 2020). Eine zu starke Betonung von Fehlern in der Unternehmenskommunikation kann die Motivation der digitalen Markenbotschafter beeinträchtigen, während das Nicht-Eingestehen von Fehlern das Vertrauen innerhalb des Unternehmens negativ

2.2 Corporate-Influencer-Programme

beeinflussen kann (Ebner und Eck 2022). Es ist also eine Gratwanderung auf hoher Vertrauensbasis, damit Corporate Influencer ihr volles Potenzial entfalten können.

(8) Vertragliche Absicherung Dr. jur. Thomas Schwenke, Fachanwalt im Marketingrecht und Datenschutz, betont in einem Interview, dass die vertragliche Absicherung von Corporate Influencern von Bedeutung ist, um rechtliche Probleme von vornherein zu vermeiden, da Rechtsverletzungen bereits beim ersten Beitrag auftreten können (Hoffmann 2020). Diese klaren Vereinbarungen können den Corporate Influencern die Angst nehmen, Fehler zu machen und unangemessene Inhalte zu veröffentlichen (Ebner und Eck 2022). Idealerweise werden die Mitarbeitenden schriftlich dazu aufgefordert, die Social-Media-Richtlinien zu befolgen und dies durch ihre Unterschrift zu bestätigen, wobei Pflichtverletzungen mit arbeitsrechtlichen Konsequenzen geahndet werden können. Darunter fällt auch die Möglichkeit einer außerordentlichen Kündigung (Lüthy 2023). Wichtig ist, dass alle Abteilungen, die Berührungspunkte mit dem Corporate Influencer haben, in Kenntnis gesetzt und bei der Ausarbeitung des Vertrages miteinbezogen werden. Außerdem kann ein festgelegter zeitlicher und finanzieller Rahmen sinnvoll sein (Hoffmann 2020). Eine klare vertragliche Absicherung der digitalen Markenbotschafter schützt nicht nur vor rechtlichen Problemen, sondern schafft auch langfristiges Vertrauen.

(9) Interne Community Die Bedeutung interner Communities in Unternehmen zeigt sich darin, dass Mitarbeitende, die solche sozialen Ankerpunkte haben, offener für neue Projekte und Veränderungen sind. Diese Communities schaffen Vertrauen und bieten eine Plattform, auf der Gleichgesinnte zusammenkommen (Ebner und Eck 2022). (Virtuelle) Communities sollten nach Ebner und Eck (2022) auf drei Grundprinzipien basieren, um effektiv zu sein: Freiwilligkeit, nicht-hierarchischer Austausch und klare Abgrenzung des Themenbereichs. Diese Prinzipien fördern eine professionelle und proaktive Kommunikationskultur. Laut Vivian Pein, Vorständin des *Bundesverband Community Management e. V.* entfalten Gemeinschaften ihr Potenzial, wenn die richtigen Mitglieder zusammenkommen. Dies erfordert effektive Gastgeber, die die Motivation der Mitglieder ansprechen und eine sichere sowie respektvolle Austauschumgebung schaffen können (Ebner und Eck 2022). Eine Möglichkeit zur Schaffung und Pflege einer Corporate-Influencer-Community ist die Nutzung eines unternehmensinternen Intranets oder Ähnliches. Dies ermöglicht den Aufbau und den regen Austausch der Corporate Influencer (Moormann 2021). Das Kommunikationstool *Slack* kann alternativ zum Austausch untereinander genutzt werden (Flores Willers 2024). Wöchentliche Calls oder ein interner Newsletter zahlen ebenfalls auf das Community-Building ein (Eck et al. 2022a). Eine weitere Möglichkeit, die online und offline miteinander verknüpft, bieten regionale Corporate-Influencer-Treffen, um die Stärkung der Community voranzutreiben (Ebner und Eck 2022). Ein entscheidender Faktor für den Erfolg solcher Communities besteht darin, dass sie von den internen Markenbotschaftern selbst mitentwickelt werden. Dieser partizipative Ansatz ermöglicht es, Raum für neue Ideen und Innovationen zu schaffen, ohne die Mitarbeitenden in ihrer Kreativität und Flexibilität einzuschränken (Hoffmann 2020). Interne Communities stärken den Austausch und das Vertrauen unter digitalen Markenbotschaftern, fördern die Zusammenarbeit und ermöglichen eine offene, kreative Atmosphäre für Innovationen.

2.3 Die Plattform LinkedIn

Eine Grundvoraussetzung für das Corporate Influencing ist eine Unternehmensseite auf einer jeweiligen Social-Media-Plattform, auf der die Corporate Influencer aktiv sein sollen. Dieses gilt es im Vorfeld vom Unternehmen selbst zu erstellen. Sie dient der Verknüpfung der privaten Corporate-Influencer-Profile, der Informationsbündelung, der öffentlichen Präsentation des Unternehmens sowie der Wahrung von Unternehmens- und Markennamen (Blindert 2021).

In diesem Zusammenhang werden von Ebner und Eck (2022) sowie Hoffmann (2020) insbesondere die beiden Plattformen *LinkedIn* und *Xing* genannt, während Lüthy (2023) und Sturmer (2020) auf die Nennung der Plattform *Xing* verzichten. Dies ist darin begründet, dass *LinkedIn* im Zuge des Corporate Influencings deutlich an Beliebtheit gewonnen hat (Hoffmann 2020). Nach der Einschätzung von Eck ist *Xing* zukünftig gänzlich irrelevant für ein Corporate-Influencer-Programm. Im Kapitel *Wie Corporate-Influencer B2B-Unternehmen attraktiver machen* innerhalb des Herausgeberwerks *Innovative Unternehmensführung* bezieht sich seine gesamte Strategie, ein Corporate-Influencer-Programm zu initiieren, auf die Plattform *LinkedIn* (Eck 2023).

Das soziale Netzwerk *LinkedIn* hebt sich maßgeblich von anderen sozialen Netzwerken ab, indem es eine Plattform für berufliche Vernetzung und den Austausch auf professioneller Ebene bietet, wobei die erstellten Profile in gewisser Hinsicht einem virtuellen Lebenslauf entsprechen (Klein 2021). Während es in der Vergangenheit primär als Rekrutierungsplattform diente, hat es sich heute zu einem Publishing-Ort für unternehmensrelevante Inhalte entwickelt, vergleichbar mit einem Corporate Blog (Heilmann 2020).

LinkedIn wurde bereits 2002 als eine der ersten Social-Media-Plattformen gegründet und ist damit älter als der Branchenprimus *Facebook*. Bemerkenswert ist, dass *LinkedIn* seit 2020, zusammen mit *TikTok*, als eine der am schnellsten wachsenden sozialen Medienplattform gilt (Radde 2021). Zur Zeit der Veröffentlichung dieses *essentials* waren weltweit bereits über eine Milliarde Nutzer auf *LinkedIn* registriert. Diesen Meilenstein erreichte die Business-Plattform im November 2023 (Cohen 2023). Im November 2024 überstieg allein die Anzahl der Nutzer in der DACH-Region die Marke von 25 Mio. Das sind mehr als 30 % mehr als noch im Oktober 2022, was die eindrucksvolle Expansion der Plattform und die Wichtigkeit in der deutschsprachigen Region unterstreicht (Harms 2024b).

Die deutsche Nutzerbasis von *LinkedIn* zeichnet sich durch eine hohe Vielfalt aus. Im Januar 2022 gehörten 39 % der Nutzer zur Altersgruppe der 30–39-Jährigen. Etwa 35 % der deutschen Nutzer waren in der Altersgruppe von 20–29 Jahren, während 29 % zwischen 40–49 Jahre alt waren. 16 % waren in einem Alter von 50–59 Jahren. Weitere 10 % der Nutzer waren über 60 Jahre alt, während etwa 13 % der Nutzer jünger als 20 Jahre waren (Harms 2024a). Diese Daten veranschaulichen zum einen eindrucksvoll die breite Nutzerbasis von *LinkedIn* in Deutschland und zum anderen den Einstieg der jüngeren Generation.

LinkedIn bietet Corporate Influencern die ideale Plattform, um ihre individuelle Personal-Branding-Strategie nahtlos mit der ihres Unternehmens zu verknüpfen. In der Tat hat sich *LinkedIn* in jüngerer Vergangenheit als führendes soziales Netzwerk für Corporate Influencer etabliert und gilt daher als beste Wahl für diese Form der Unternehmenskommunikation (Hoffmann 2020). Auch Ebner und Eck (2022, S. 171) teilen diese Ansicht und bezeichnen *LinkedIn* als den „richtigen digitalen Ort für die B2B-Kommunikation". Hier geht es darum, authentische Einblicke in die Arbeitswelt durch Storytelling zu vermitteln, anstatt das Unternehmen inklusive der Produkte beziehungsweise Dienstleistungen in den Vordergrund zu stellen, mit dem übergeordneten Ziel, das Unternehmen als eine attraktive Arbeitgebermarke darzustellen (Lüthy 2020).

Gerade der Fokus auf nur eine Plattform gilt dabei als Erfolgshebel. „[…] Auf einer Plattform zu den Besten zu gehören ist viel interessanter […], als halt auf mehreren Kanälen gleichzeitig angemeldet aktiv zu sein, überall bisschen was zu machen" (Reck 2023). Auch Corporate-Influencer-Experte Winfried Ebner teilt diese Meinung: „Fangt mit einem Kanal an!" (Eck et al. 2022b).

Eine der besonderen Eigenschaften von *LinkedIn* ist die Möglichkeit, ein aussagekräftiges Unternehmensprofil zu erstellen, welches als digitale Visitenkarte fungiert. Dies hat *LinkedIn* zu einem wichtigen Akteur im Bereich der Leadgenerierung gemacht (Moseler und Mörk 2021). Das persönliche Profil zeichnet sich durch eine detaillierte Darstellung der beruflichen Laufbahn aus, die weitreichender ist als ein herkömmlicher Lebenslauf in Bewerbungsdokumenten.

Hierbei steht nicht nur die Auflistung fachlicher Fähigkeiten und Qualifikationen im Fokus, sondern auch die Möglichkeit, dem Betrachter einen persönlichen Eindruck von der betreffenden Person zu vermitteln (Braehmer 2023). Insbesondere auf *LinkedIn* sind folgende Aspekte von zentraler Bedeutung für einen überzeugenden und professionellen digitalen Auftritt eines Corporate Influencers (Braehmer 2023):

- Professionelles Profibild & Banner
- Vollständiger Name
- Aussagekräftiger Profil-Slogan / Motto
- Persönliche Info-Box
- Angepasste URL
- Chronologische Berufserfahrung und Ausbildung
- Spezifische Kenntnisse
- Externe Empfehlungen
- Ggf. Bescheinigungen und Zertifikate
- Ggf. Ehrenamt
- Ggf. Auszeichnungen
- Sprachenlevel

Sobald diese Kriterien mit umfassenden Informationen gefüllt sind, ergibt sich ein rundes Abbild der beruflichen, aber auch persönlichen Identität einer Person. Dieses Profil spielt eine entscheidende Rolle bei der ersten Beurteilung durch andere *LinkedIn*-Nutzer, da der erste Eindruck maßgeblich die wahrgenommene Relevanz für das jeweilige Gegenüber beeinflusst. Ein zeitgemäßes und informatives Profil wird dabei als relevanter angesehen (Radde 2021). Aufgrund dieser einstimmigen, begründeten Wahl mehrerer Experten auf diesem Gebiet wird als Plattform für Corporate-Influencer-Programme das B2B-Netzwerk *LinkedIn* empfohlen.

Analyse der Erfolgsfaktoren 3

3.1 Modellentwicklung

Dieses Kapitel befasst sich mit den menschlichen Verhaltensmuster und zeigt, was Menschen dazu bewegt, als Corporate Influencer für ihr Unternehmen aktiv zu werden. Mit der Theory of Planned Behavior (ToPB) als Basis werden drei zentrale Motivationsfaktoren untersucht: das Zugehörigkeitsgefühl zum Arbeitgeber, die Anerkennung von Dritten und die konkrete Unterstützung durch das Unternehmen. Die Conjoint-Analyse fungiert dabei als investigatives Werkzeug, das die verborgenen Entscheidungsmuster der Teilnehmenden offenlegt und Präferenzen entschlüsselt. Die Daten von 112 Befragten offenbaren überraschende Einblicke in die Motivationsstruktur potenzieller Corporate Influencer.

Die ToPB wurde aus der „Theory of Reasoned Action" (ToRA) weiterentwickelt, die 1975 von Fishbein und Ajzen vorgestellt wurde. Während die ToRA das Verhalten einer Person primär durch deren Intention – also Verhaltensabsicht – erklärt, erweitert die ToPB diese Theorie um den Einflussfaktor der „wahrgenommenen Verhaltenskontrolle", um menschliches Handeln unter Bedingungen mit unvollständiger Verhaltenskontrolle präziser vorherzusagen (Ajzen 1985). Diese Erweiterung berücksichtigt, dass die wahrgenommene Verhaltenskontrolle sowohl die Intention zum Verhalten als auch das Verhalten selbst direkt beeinflusst (siehe Abb. 3.1). Die **Intention** ist der unmittelbarste Vorfaktor für **Verhalten** und dient als bester Einzelindikator zur Vorhersage des tatsächlichen Verhaltens. Sie beschreibt die Motivation einer Person, eine bestimmte Handlung auszuführen. Die Intention wird durch drei Faktoren beeinflusst (Fishbein und Ajzen 2011): Der Einstellung gegenüber dem Verhalten und der subjektiven Norm sowie der wahrgenommenen Verhaltenskontrolle.

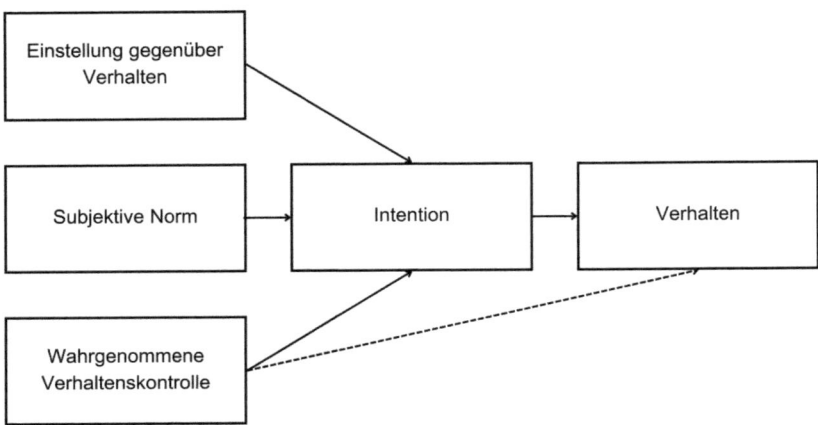

Abb. 3.1 Theory of Planned Behavior. (*Eigene* Darstellung in Anlehnung an Ajzen 1985)

1. Die **Einstellung gegenüber dem Verhalten** entspricht dem Erwartungs-Wert-Modell, bei dem die Intention als das Produkt der Eintrittswahrscheinlichkeit von Handlungskonsequenzen und ihrer subjektiven Bewertung verstanden wird (Ajzen 1985).
2. Die **subjektive Norm** bezieht sich auf den sozialen Druck, der von relevanten Personen oder Gruppen wahrgenommen wird, und darauf, wie stark dieser Druck das Verhalten beeinflusst.
3. Der Einflussfaktor **wahrgenommene Verhaltenskontrolle** beschreibt die Einschätzung einer Person, ob sie über die nötigen Fähigkeiten und Ressourcen verfügt, eine Handlung erfolgreich auszuführen. Er beeinflusst nicht nur die Intention, sondern auch das tatsächliche Verhalten direkt.

Innerhalb des ToPB-Frameworks wird die wahrgenommene Verhaltenskontrolle als grundlegende Voraussetzung für die Umsetzung einer Handlung angesehen (Ajzen 1991). Das Ergebnis der ToPB besagt, dass eine positive Einstellung gegenüber einer bestimmten Handlung, das Vorhandensein einer starken subjektiven Norm und eine hohe wahrgenommene Verhaltenskontrolle die Intention einer Person erhöhen, diese Handlung auszuführen. Folglich beeinflussen damit sowohl die Intention als auch die wahrgenommene Verhaltenskontrolle das tatsächliche Verhalten. Abb. 3.1 zeigt das ToPB-Modell grafisch.

3.1 Modellentwicklung

Um die Determinanten aus dem ToPB-Modell auf den Untersuchungsgegenstand zu übertragen, wurden vorbereitende Experteninterviews mit Marketingfachleuten aus Unternehmen und Corporate Influencern durchgeführt. Der angewandte Analyseansatz war qualitativ und induktiv, wodurch drei Hauptdeterminanten aus den Daten herausgearbeitet wurden:

1. **Zugehörigkeitsgefühl zum Unternehmen** (Einstellung gegenüber Verhalten): Dieser Faktor beschreibt, wie stark sich Mitarbeitende emotional mit ihrer Organisation verbunden fühlen und sich mit deren Werten identifizieren. Eine enge Bindung zur Organisation führt eher zu einer positiven Einstellung gegenüber der Teilnahme an Corporate-Influencer-Programmen, während eine schwache Bindung dies negativ beeinflussen kann.
2. **Anerkennung Dritter** (subjektive Norm): Hier geht es um den sozialen Druck oder die Erwartungen, die Mitarbeitende von wichtigen Personen in ihrem Umfeld wahrnehmen, wie Kollegen, Vorgesetzten oder Peers. Wenn diese Personen die Teilnahme am Corporate-Influencer-Programm wertschätzen und anerkennen, steigt die Wahrscheinlichkeit, dass Mitarbeitende sich ebenfalls motiviert fühlen, teilzunehmen.
3. **Support vom Unternehmen** (wahrgenommene Verhaltenskontrolle): Dieser Faktor beschreibt, wie leicht oder schwer es den Mitarbeitenden erscheint, am Programm teilzunehmen. Entscheidend ist hier, ob das Unternehmen genügend Ressourcen, Unterstützung und Ermutigung bereitstellt. Eine gute organisatorische Unterstützung erleichtert die Teilnahme und erhöht die Chance, dass die Mitarbeitenden aktiv mitwirken. Fehlt diese Unterstützung, kann es für die Mitarbeitenden schwierig werden, sich einzubringen.

Durch die Anpassung des Modells an den speziellen Anwendungsfall betrachten wir nun die individuellen Wahrnehmungen und organisatorischen Dynamiken, die die Teilnahme von Mitarbeitenden an Corporate-Influencer-Programmen beeinflussen. Zu diesem Zweck wurden drei Hypothesen entwickelt, die untersuchen sollen, welche Faktoren die Bereitschaft der Mitarbeitenden zur Teilnahme an Corporate-Influencer-Programmen auf *LinkedIn* beeinflussen:

- H1: Das Zugehörigkeitsgefühl zum Unternehmen beeinflusst die individuellen Teilnutzenwerte bei der Entscheidung, an einem Corporate-Influencer-Programm auf *LinkedIn* teilzunehmen. Es wird angenommen, dass eine positive Einstellung zur Unternehmenskultur die Wahrscheinlichkeit einer Teilnahme erhöht.

- H2: Subjektive Normen beeinflussen die individuellen Teilnutzenwerte bei der Entscheidung, an einem Corporate-Influencer-Programm auf *LinkedIn* teilzunehmen. Es wird angenommen, dass eine positive Anerkennung durch andere die Wahrscheinlichkeit einer Teilnahme erhöht.
- H3: Die wahrgenommene Verhaltenskontrolle beeinflusst die individuellen Teilnutzenwerte bei der Entscheidung, an einem Corporate-Influencer-Programm auf *LinkedIn* teilzunehmen. Es wird angenommen, dass geringere wahrgenommene Hürden und stärkere organisatorische Unterstützung die Wahrscheinlichkeit einer Teilnahme erhöhen.

Zur Überprüfung dieser Hypothesen wird die Methode der Conjoint-Analyse eingesetzt. Sie untersucht, wie die einzelnen Determinanten (unabhängige Variablen) die Teilnutzenwerte der Entscheidungsfindung der Mitarbeitenden in Bezug auf die Teilnahme an einem Corporate-Influencer-Programm auf *LinkedIn* (abhängige Variable) beeinflussen.

3.2 Conjoint-Analyse

Da die Studie belegen soll, unter welchen Bedingungen Mitarbeitende eher an einem Corporate-Influencer-Programm auf *LinkedIn* teilnehmen, wird eine Conjoint-Analyse durchgeführt. Sie repräsentiert eine multivariate Analysemethode, die darauf ausgerichtet ist, Teilnutzenwerte auf Grundlage einer ganzheitlichen Bewertung zu bestimmen. Diese Methode ermöglicht damit die Bestimmung des Teilnutzenwerts von Faktoren zur Teilnahme an einem Corporate-Influencer-Programm. Außerdem lässt sich dadurch die Gewichtung einzelner Faktoren bestimmen (Backhaus et al. 2015).

Um eine Conjoint-Analyse erfolgreich durchzuführen, ist es notwendig, bestimmte Stimuli auszuwählen und die Auswahlsituationen klar zu definieren. Die verschiedenen Kombinationen dieser Eigenschaftsausprägungen werden als Alternativen betrachtet und dem Teilnehmer als sogenanntes Choice Set dargeboten (Backhaus et al. 2015). Die Eigenschaftsausprägungen wurden aus der Theory of Planned Behavior abgeleitet, bei der die drei Eigenschaften „Zugehörigkeitsgefühl zum Unternehmen (Einstellung gegenüber Verhalten)", „Anerkennung von Dritten (subjektive Norm)" und „Support vom Unternehmen (wahrgenommene Verhaltenskontrolle)" definiert wurden. Die Wahl der Merkmalsausprägungen entfiel auf die beiden Extrema „hoch" und „niedrig", da der Unterschied einfacher zu interpretieren ist als zwischen „niedrig", „mittel" und „hoch". Das Design der auswahlbasierten Conjoint-Analyse ist Tab. 3.1 zu entnehmen.

Tab. 3.1 Definitionen der Eigenschaften und Merkmalsausprägungen

Eigenschaften (J)		Zugehörigkeitsgefühl zum Unternehmen	Anerkennung von Dritten	Support vom Unternehmen
Merkmalsausprägungen	niedrig	Ich kann mich **kaum bis gar nicht** mit der Kultur und den Werten des Unternehmens identifizieren. Wir pflegen **keine** interne Community.	Die Teilnahme am Corporate-Influencer-Programm treibt **weder** meine Personal Brand **noch** mein Netzwerk voran. Es hat **keinen** Einfluss auf meine zukünftige Karriere.	Ich erhalte beim Corporate Influencing **kaum bis gar keine** Unterstützung. Das Unternehmen **gibt mir vor, was ich posten soll**. Das Unternehmen **kontrolliert** alle meine Tätigkeiten in diesem Zusammenhang.
	hoch	Ich kann mich **vollständig** mit der Kultur und den Werten des Unternehmens identifizieren. Wir pflegen eine **starke** interne Community.	Ich kann durch meine Teilnahme am Corporate-Influencer-Programm meine Personal Brand sowie mein Netzwerk **signifikant** ausbauen. Es hat einen **positiven Einfluss** auf meine zukünftige Karriere.	Ich erhalte beim Corporate Influencing **volle** Unterstützung durch eine Guideline, einen Content-Hub sowie weitere Hilfestellungen. Das Unternehmen **überlässt mir, was ich posten möchte.** Das Unternehmen **vertraut** mir bei allen meiner Tätigkeiten in diesem Zusammenhang.

Tab. 3.2 Choice Sets

Auswahlsituation	Merkmalsausprägungen		
1	Zugehörigkeit hoch	Anerkennung hoch	Support hoch
2	Zugehörigkeit hoch	Anerkennung hoch	Support niedrig
3	Zugehörigkeit hoch	Anerkennung niedrig	Support hoch
4	Zugehörigkeit hoch	Anerkennung niedrig	Support niedrig
5	Zugehörigkeit niedrig	Anerkennung niedrig	Support hoch
6	Zugehörigkeit niedrig	Anerkennung hoch	Support hoch
7	Zugehörigkeit niedrig	Anerkennung hoch	Support niedrig
8	Zugehörigkeit niedrig	Anerkennung niedrig	Support niedrig

Durch die Kombination der Anzahl der Eigenschaften (J) und ihrer Ausprägungen (M) können acht unterschiedliche Stimuli (S) gebildet werden, die im Kontext der Auswahlentscheidung differenziert werden (Backhaus et al. 2015):

$$S = M^J = 2^3 = 8$$

Ein Stimulus bezieht sich auf eine Gruppe von Ausprägungen von Merkmalen, die als ein „Choice Set" zusammengefasst werden. Die vollständige Liste aller Stimuli ist Tab. 3.2 zu entnehmen:

Im Anschluss erfolgt die Untersuchung der Anzahl der dargebotenen Alternativen in einer Auswahlsituation. Diese Zahl kann verschieden sein, da den Teilnehmern lediglich eine Auswahl aus der Gesamtheit aller denkbaren Choice Sets präsentiert wird. Diese Vorgehensweise erleichtert einerseits die Entscheidungsfindung für den Teilnehmer, vermeidet andererseits Verwirrung und nähert sich zudem einer realistischen Situation an. In Bezug auf die zugrunde liegende Erhebung wurde sich für zwei Choice Sets pro Auswahlsituation entschieden, ergänzt durch eine weitere Option „keine der genannten", die als Ersatz dient, falls eine Person keine der Situationen wählen würde. Ohne Berücksichtigung der Ausweichoption führt es bei Berechnung der folgenden Formel zu insgesamt 28 paarweisen Choice Sets, wobei S die Menge der potenziellen Stimuli repräsentiert (Backhaus et al. 2015):

$$S \frac{(S-1)}{2} = 8 \frac{(8-1)}{2} = 28$$

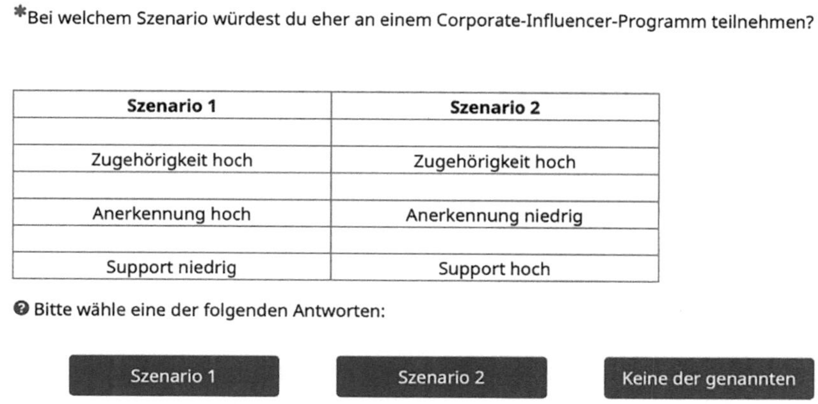

*Bei welchem Szenario würdest du eher an einem Corporate-Influencer-Programm teilnehmen?

Szenario 1	Szenario 2
Zugehörigkeit hoch	Zugehörigkeit hoch
Anerkennung hoch	Anerkennung niedrig
Support niedrig	Support hoch

❷ Bitte wähle eine der folgenden Antworten:

[Szenario 1]   [Szenario 2]   [Keine der genannten]

Abb. 3.2 Choice Set aus dem Fragebogen

Aufgrund der Komplexität ist es nicht möglich, jedem Teilnehmer 28 paarweise Choice Sets vorzustellen, weshalb die Menge pro Person reduziert werden muss. Es wird empfohlen, höchstens 12 bis 15 Entscheidungssituationen zu verwenden, um sicherzustellen, dass die Aufmerksamkeit und Belastbarkeit der Studienteilnehmer erhalten bleiben und Ermüdungserscheinungen vermieden werden. In dieser Studie wurde sich für sieben Choice Sets entschieden, da den Probanden zusätzlich zu den Auswahlsituationen noch weitere Fragen gestellt werden (Backhaus et al. 2015). Dies wurde umgesetzt, indem die 28 paarweisen Choice Sets zunächst randomisiert wurden, sodass subjektive Einschätzungen keinen Einfluss auf die Conjoint-Analyse haben. Die 28 paarweisen Choice Sets wurden anschließend auf jeweils sieben Auswahlsituationen aufgeteilt und den Probanden zufällig zugewiesen. Diese Vorgehensweise gewährleistet eine überschaubare Beanspruchung der Teilnehmer bei gleichzeitiger Wahrung der Belastbarkeit des Studiendesigns. In Abb. 3.2 ist ein Choice Set beispielhaft dargestellt.

3.3 Datenerhebung und Stichprobe

Noch bevor der eigentliche Fragebogen startete, wurden die Teilnehmer ins Thema eingeführt, indem Corporate-Influencer-Programme definiert und das folgende Szenario kurz erläutert wurde. Um die Antworten später miteinander vergleichen zu können, wurden ausschließlich geschlossene Fragen verwendet.

Mit Ausnahme der Filterfrage und der demographischen Merkmale wurden die Fragen, die für die Umfrage relevant waren, mit der zusätzlichen Ausweichoption „keine der genannten" ausgestattet, um sicherzustellen, dass keine Antworten erzwungen werden (Roemer 2014). Es wurden insgesamt 15 Fragen gestellt, die sich untergliedern in:

- eine Filterfrage
- sieben Fragen zu den Szenarien
- sieben Fragen zu den demographischen Merkmalen

Im ersten Abschnitt des Fragebogens wurde den Probanden die Filterfrage „Du bist Arbeitnehmer in einem Unternehmen und nicht der Inhaber oder Selbstständig?" gestellt. Mit dieser Frage wurde eine vorzeitige Selektion vorgenommen, um sicherzustellen, dass ausschließlich Mitarbeitende den Fragebogen vollständig ausfüllen können, die den spezifischen Kriterien entsprechen und somit eine gezielte und relevante Beteiligung gewährleistet ist (Döring und Bortz 2016).

Für diese Studie wurden die Daten mithilfe eines Onlinefragebogens erhoben. Während des zweiwöchigen Erhebungszeitraums, vom 7. Dezember 2023 bis zum 21. Dezember 2023, wurde der Link zur Umfrage über *LinkedIn* verbreitet. Insgesamt griffen 202 Teilnehmer auf den Link zu. Davon waren 71 Fragebögen unvollständig, sodass 131 Datensätze übrig blieben. Nach dem Durchführen einer weiteren Datenbereinigung konnte eine endgültige Anzahl von 112 gültigen Antworten ermittelt werden. So wurden beispielsweise Teilnehmer ausgeschlossen, deren Bearbeitungszeit zu kurz war, was darauf hindeutet, dass sie sich möglicherweise nicht intensiv mit dem Fragebogen beschäftigt haben. Die finale Stichprobe bestand insgesamt aus 81 Frauen und 31 Männern, was einem Anteil von 72,32 % an weiblichen Teilnehmern entspricht. Das passt zu dem erwartbaren Bild, dass sich bei freiwilligen und anonymen Umfragen oftmals vor allem das weibliche Geschlecht engagiert und teilnimmt (Döring und Bortz 2016). Die Klassifizierung des Alters erfolgte auf Grundlage der Generationendefinition des bekannten amerikanischen Meinungsforschungsinstituts *Pew Research Center* (Dimock 2019). Die größten Altersgruppen waren zum einen die 27–42-Jährigen (44,65 %) und zum anderen die 18–26-Jährigen (38,39 %). Danach folgen die 43–58-Jährigen (14,29 %) und an letzter Stelle die 59–73-Jährigen mit 2,7 % aller Befragten. Weitere demographische Daten der finalen Stichprobe sind Tab. 3.3 zu entnehmen.

Tab. 3.3 Auswertung der demographischen Daten der Stichprobe

Kategorie	Untergruppe	Anteil
Position	Führungsebene	4,5 %
	Mittleres Management	25,9 %
	Fachkraft	46,4 %
	Azubi/Praktikant/Werkstudent	23,2 %
Betriebszugehörigkeit	Weniger als ein Jahr	29,5 %
	1–5 Jahre	41,1 %
	6–10 Jahre	17,9 %
	11–15 Jahre	5,4 %
	Mehr als 15 Jahre	6,3 %
Unternehmensgröße	2–10 Mitarbeitende	4,5 %
	11–50 Mitarbeitende	22,3 %
	51–100 Mitarbeitende	7,1 %
	101–500 Mitarbeitende	17,9 %
	501–1000 Mitarbeitende	8,9 %
	Mehr als 1000 Mitarbeitende	39,3 %

3.4 Ergebnisse

Die Teilnutzenwerte beeinflussen die Zusammensetzung des Gesamtnutzens einer Person und erklären das Auswahlverhalten. Die höchsten Teilnutzenwerte in jeder Kategorie stellen die Bandbreite der Ergebnisse im Vergleich zur Null-Kategorie dar. Abb. 3.3 zeigt die jeweiligen Teilnutzwerte als Differenz zur Basiskategorie. Der hohe negative Teilnutzenwert von −1,066 bei der Merkmalsausprägung „Zugehörigkeit niedrig" bedeutet, dass dieser die Teilnahme an Corporate-Influencer-Programmen im Vergleich zu den anderen Merkmalsausprägungen entscheidend beeinflusst. Addiert man die geschätzten Teilnutzenwerte „Zugehörigkeit niedrig", „Anerkennung niedrig" und „Support niedrig" ergibt sich die eine kumulierte Summe von −1,802. Dieser Wert quantifiziert den Gesamteinfluss nachteiliger Rahmenbedingungen auf die Entscheidung zur Teilnahme am Corporate Influencer Programm.

Die relative Wichtigkeit der Merkmalsausprägungen wird durch das Verhältnis zwischen der Gesamtsumme (−1,802) und den individuellen Werten bestimmt. Somit entfällt der größte Anteil (59,15 %) auf das Zugehörigkeitsgefühl zum Unternehmen. Die Anerkennung Dritter steht mit 28,12 % an zweiter Position,

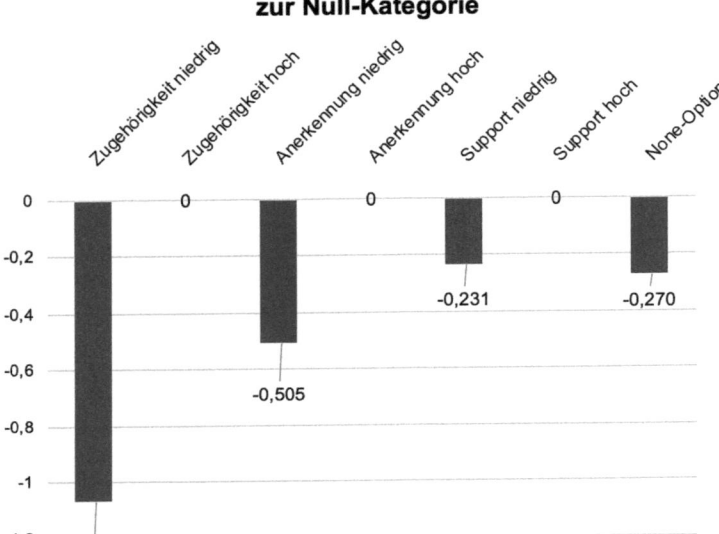

Abb. 3.3 Geschätzte Teilnutzenwerte im Vergleich

während der Support durch das Unternehmen mit nur 12,82 % die geringste relative Wichtigkeit aufweist (siehe Abb. 3.4).

Auf Basis aller Werte ist es im nächsten Schritt möglich, auch die Gesamtnutzen der einzelnen Stimuli zu berechnen. Die entsprechenden Ergebnisse sind in Tab. 3.4 dargestellt.

Durch die Aggregation des Gesamtnutzens der einzelnen Stimuli lässt sich ableiten, dass das Choice Set 1 „Zugehörigkeit hoch/Anerkennung hoch/Support hoch" mit dem Wert 0 erwartungsgemäß den höchsten Gesamtnutzenwert aufweist. Darauf folgt der Stimuli „Zugehörigkeit hoch/Anerkennung hoch/Support niedrig", wodurch sich erschließen lässt, dass die Kombination aus einem hohen Zugehörigkeitsgefühl zum Unternehmen und einer hohen Anerkennung Dritter einen höheren Teilnutzen aufweist als der hohe Support durch das Unternehmen. Erstaunlicherweise erfolgt darauf bereits die „None-Option" mit einem Teilnutzenwert von −0,270, was darauf hinweist, dass für Mitarbeitende zur Teilnahme an einem Corporate-Influencer-Programm auf *LinkedIn* mindestens ein hohes

3.4 Ergebnisse

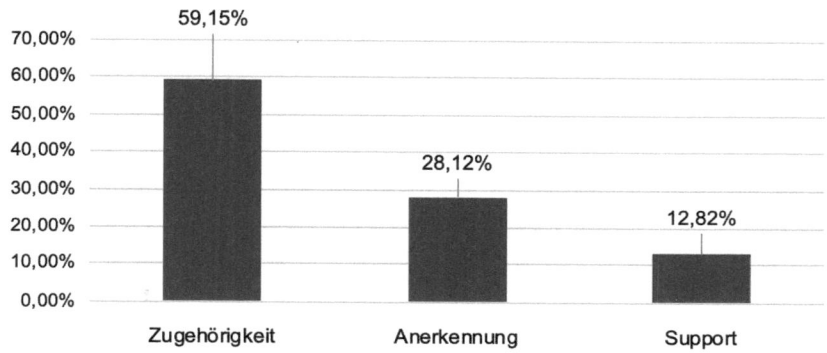

Abb. 3.4 Relative Wichtigkeiten der Eigenschaften

Tab. 3.4 Gesamtnutzenwerte der Stimuli

Stimuli			Gesamtnutzen je Choice Set
Zugehörigkeit hoch	Anerkennung hoch	Support hoch	0
Zugehörigkeit hoch	Anerkennung hoch	Support niedrig	− 0,231
None-Option			− 0,270
Zugehörigkeit hoch	Anerkennung niedrig	Support hoch	− 0,505
Zugehörigkeit hoch	Anerkennung niedrig	Support niedrig	− 0,736
Zugehörigkeit niedrig	Anerkennung hoch	Support hoch	− 1,066
Zugehörigkeit niedrig	Anerkennung hoch	Support niedrig	− 1,297
Zugehörigkeit niedrig	Anerkennung niedrig	Support hoch	− 1,571
Zugehörigkeit niedrig	Anerkennung niedrig	Support niedrig	− 1,802

Zugehörigkeitsgefühl zum Unternehmen und eine hohe Anerkennung von Dritten vorhanden sein sollte. In welchem Maße ein einziges Merkmal mit einem hohen Teilnutzen Einfluss haben kann, zeigen die beiden darauffolgenden Choice Sets. So bestätigt sich, dass das hohe Zugehörigkeitsgefühl zum Unternehmen ein essenzieller Faktor ist, denn der einzelne Nutzen dieses Merkmals ist höher als die beiden kumulierten Nutzen einer niedrigen Anerkennung durch Dritte sowie eines niedrigen Supports durch das Unternehmen. Der Gesamtnutzenwert des nächsten Choice Sets wird allein durch das niedrige Zugehörigkeitsgefühl zum Unternehmen gebildet, da sowohl „Anerkennung hoch" sowie „Support hoch" als Null-Kategorie gewertet wurden. Die letzten drei Stimuli verdeutlichen noch einmal den Stellenwert der Anerkennung von Dritten und den Support des Unternehmens, welche im Vergleich zum Zugehörigkeitsgefühl zum Unternehmen, eine eher untergeordnete Rolle spielen.

Für die Gütebewertung der Conjoint-Analyse wurden mehrere Statistiken herangezogen. Die Log-Likelihood (LL) des Modells bei Konvergenz hat einen Wert von 771,137, verglichen mit der Null-Log-Likelihood (LL0) von $-861{,}312$. Der Unterschied zwischen diesen Werten, der ein Likelihood-Verhältnis (LLR) von $-180{,}35$ ergibt, ist statistisch signifikant (p-Wert < 0,001). Das weist drauf hin, dass das Modell die Daten deutlich besser beschreibt als ein Modell ohne Vorhersagen. Der McFadden-R^2-Wert von 10,47 % liegt im akzeptablen Bereich für Modelle der Conjoint-Analyse, bei denen die Erklärungskraft aufgrund der Komplexität und Variabilität der Entscheidungsdaten in der Regel geringer ist als bei anderen Arten von Regressionsmodellen. Insbesondere wenn es um die Vorhersage menschlichen Verhaltens geht, da Menschen generell schwieriger zu prognostizieren sind als beispielsweise physikalische Prozesse (Backhaus et al. 2015; Minitab 2020). Die Trefferquote des Modells, d. h. die Zuverlässigkeit, liegt bei 59,95 %, was auf eine akzeptable Vorhersagefähigkeit hindeutet. Die kollektive Betrachtung dieser Kennzahlen unterstreicht die Wirksamkeit des Modells bei der Erfassung und Interpretation der Entscheidungsprozesse von Mitarbeitenden, die eine Teilnahme an Corporate-Influencer-Programmen auf *LinkedIn* in Erwägung ziehen.

Handlungsempfehlungen zur Gewinnung von Mitarbeitenden für Corporate-Influencer-Programme

Die zentrale Frage lautet: Wie können Unternehmen ihre Mitarbeitenden erfolgreich als digitale Markenbotschafter gewinnen? Die durchgeführte empirische Analyse liefert klare Erkenntnisse darüber, welche Faktoren entscheidend dafür sind, dass Mitarbeitende sich für die Teilnahme an einem Corporate-Influencer-Programm interessieren. Die Ergebnisse zeigen, dass das Zugehörigkeitsgefühl zum Unternehmen einen maßgeblichen Einfluss auf die Entscheidung hat, Teil eines solchen Programms auf *LinkedIn* zu werden. Es stellt sich als der wichtigste Faktor heraus, der die Teilnahmebereitschaft beeinflusst. Diese Erkenntnis wird durch eine weitere wissenschaftliche Studie untermauert (Schmidt und Baumgarth 2018).

Betrachtet man die Ergebnisse im Kontext der Akzeptanzforschung (Theory of Planned Behavior, ToPB), wird deutlich: Die Bereitschaft zur Teilnahme hängt stark von den positiven oder negativen Assoziationen ab, die Mitarbeitende mit der Unternehmenskultur verbinden. In Bezug auf die literaturbasierten Einflussfaktoren (siehe Abschn. 2.2 Corporate-Influencer-Programme) wird das Zugehörigkeitsgefühl zum Unternehmen beispielsweise durch verschiedene Erfolgsfaktoren wie interne Community, Transparenz und Vorbildfunktion sowie das allgemeine Verständnis für die Unternehmenswerte geprägt. Diese werden im folgenden Abschnitt etwas genauer beleuchtet.

4.1 Interne Community

Dass die Bedeutung dieses Einflussfaktors längst nicht unbekannt ist, zeigt sich daran, dass immer mehr Unternehmen das Potenzial einer starken internen Community erkennen. Sie haben festgestellt, welchen positiven Effekt ein starkes Gemeinschaftsgefühl nicht nur auf das Corporate-Influencer-Programm, sondern auch auf Employer-Branding-Aktivitäten hat (Lüthy 2023).

Corporate Influencer spielen eine aktive Rolle im Employer Branding und tragen maßgeblich zum Recruiting-Erfolg bei – das ergibt sich bereits aus der Definition eines Corporate-Influencer-Programms. Besonders relevant ist in diesem Zusammenhang, welche Faktoren bei der Wahl eines Arbeitgebers eine Rolle spielen. Eine der drei häufigsten Antworten darauf ist die Zusammenarbeit mit großartigen Teammitgliedern (Zayats 2020). Das unterstreicht, wie stark die interne Unternehmenskultur und das Miteinander die Bereitschaft zur Teilnahme an einem Corporate-Influencer-Programm beeinflussen. Diese Erkenntnis wird durch die Studienergebnisse gestützt.

Um diesen Austausch gezielt zu fördern, empfiehlt es sich, eine Community speziell für Corporate Influencer zu etablieren (Eck 2023). Ein erfolgreiches Beispiel hierfür liefert *Schwabe Austria*: Die Teilnehmer des Programms treffen sich regelmäßig, profitieren von gegenseitiger Unterstützung und stärken so nachhaltig die Zusammenarbeit, Vernetzung und Bindung innerhalb des Unternehmens (Hoffmann und Mondl 2021). Corporate Influencer gewinnen dadurch nicht nur Reichweite in Form von Likes, Kommentaren und Views, sondern vor allem auch Anerkennung für ihr Engagement (Eck 2023).

> **Abgeleitete Maßnahmen**
>
> - Einführung regelmäßiger (Online-)Community-Treffen für Corporate Influencer
> - Förderung einer abteilungsübergreifenden Kommunikation
> - Organisation von Peer-Learning-Sessions zum Erfahrungsaustausch
> - Schaffung digitaler Austauschplattformen (z. B. internes soziales Netzwerk)
> - Implementierung eines Feedback- und Unterstützungssystems
> - Aufbau eines Knowledge Hubs aus Best Practices von Mitarbeitenden

4.2 Transparenz & Vorbildfunktion

Die Studienergebnisse werden zusätzlich durch den Erfolg prominenter *LinkedIn*-Auftritte gestützt. Beispiele wie Oliver Bäte (CEO *Allianz AG*) oder Tina Müller (CEO *Weleda*) zeigen, dass authentische und nahbare Kommunikation auf der Plattform gut ankommt. Durch klare Stellungnahmen, aber auch durch persönliche Einblicke in ihren Alltag und ihre Interessen, gehen diese Führungskräfte als Vorbilder voran. Sie verkörpern genau das, was von Corporate Influencern erwartet wird, und treiben damit zugleich die digitale Transformation in ihren Unternehmen voran (Zayats 2020).

Das Unternehmen *Schwabe Austria* setzt in seinem Corporate-Influencer-Programm sogar darauf, dass die CEO Bestandteil des Programms und damit ein Vorbild par excellence ist (Hoffmann und Mondl 2021). Doch bevor ein solches Programm startet, geht es nicht nur um die Vorbildfunktion der obersten Führungsebene, sondern auch um die Unterstützung durch das mittlere Management. Denn ohne deren Rückhalt verlaufen Corporate-Influencer-Initiativen oft im Sande, bevor sie überhaupt richtig Fuß fassen können (Zayats 2020). Die Haltung sowie das Verhalten dieser Hierarchie-Ebene ist dabei von entscheidender Bedeutung (Lüthy 2023).

Auch beim Thema Transparenz bestätigen die Studienergebnisse die bestehende Fachliteratur. Laut Lausch geht es darum, dass Unternehmen mit offenen Karten spielen. Es darf gar nicht erst die Frage aufkommen, „was geteilt werden darf und was nicht" (Lausch 2023, S. 65). Ein gelungenes Praxisbeispiel liefert die Kita-Gruppe *Minihaus München,* die im Rahmen einer internen Veranstaltung ihr Corporate-Influencer-Programm transparent vorgestellt und alle Erwartungen klar kommuniziert hat (Lüthy 2023).

Zusammenfassend lässt sich sagen, dass die Faktoren Transparenz und Vorbildfunktion entscheidend für den Erfolg eines Corporate-Influencer-Programms sind. Oder, wie es Lüthy treffend formuliert: Solche Programme brauchen „absolutes Vertrauen ‚von oben'" (Lüthy 2023, S. 507).

Abgeleitete Maßnahmen

- Transparente Kommunikation der Programmziele und -erwartungen
- Sensibilisierung für das Thema im oberen Management
- CEO und Führungskräfte als „First Movers" im Programm positionieren
- Öffentliche Unterstützungsbekundung durch die Führungsebene

- Regelmäßige *LinkedIn*-Updates durch die Führungsetage
- Integration von Social-Media-Leadership in Führungskräfteentwicklung

4.3 Verständnis für die Unternehmenswerte

Mitarbeitende werden nur dann zu Corporate Influencern, wenn sie in einer Unternehmenskultur arbeiten, die von absolutem Vertrauen geprägt ist (Lüthy 2023). Dies bestätigt auch Anja Kroll, ehemalige Pressesprecherin und Kommunikationsmanagerin Strategie & Innovation bei *AXA Deutschland:* „Viel hat mit der vorherrschenden Unternehmenskultur und den Werten zu tun. Zudem ist es auch eine Frage des Vertrauens" (Zayats 2020, S. 166). Doch genau hier liegt eine Herausforderung: Viele Corporate-Influencer-Programme scheitern oder wirken gehemmt, weil Unternehmen ihren Mitarbeitenden nicht ausreichend Vertrauen entgegenbringen (Lausch 2023). Die Studienergebnisse unterstreichen, dass Unternehmen aktiv daran arbeiten müssen, dieses Vertrauen zu fördern, um die Teilnahmebereitschaft an solchen Programmen zu erhöhen.

Die Bedeutung einer vertrauensbasierten Unternehmenskultur wird auch von New-Work-Vordenker Frédéric Laloux betont. In *Die neue Macht der Corporate Influencer* hebt er hervor, dass ein starkes Zugehörigkeitsgefühl sowie empathische und nahbare Führungskräfte eine verbesserte interne Kommunikation fördern. Führungskräfte, die sich Zeit für persönliche Themen ihrer Mitarbeitenden nehmen, schaffen eine Kultur, in der sich Corporate-Influencer-Programme nachhaltig etablieren können (Ebner und Eck 2022). Lüthy geht sogar so weit zu sagen, dass „eine werteorientierte Kultur im Sinne von „New Work" die wichtigste Voraussetzung dafür [ist], dass Mitarbeitende überhaupt freiwillig Corporate Influencer des Unternehmens werden" (Lüthy 2023, S. 507). Lausch ergänzt, dass Mitarbeitende gerne öffentlich über ihr Unternehmen sprechen, wenn sie sich dort wohlfühlen und ihre persönlichen Werte mit denen des Unternehmens übereinstimmen (Lausch 2023).

Dass die Unternehmenskultur ein zentraler Treiber für erfolgreiche Corporate-Influencer-Programme ist, belegt eine weitere Studie: Mitarbeitende sind nur dann motiviert, sich öffentlich für ihr Unternehmen einzusetzen, wenn sie eine starke emotionale Bindung zu diesem haben. Fehlt diese, ist es unwahrscheinlich, dass sie sich aktiv als Markenbotschafter engagieren (Termöllen 2023).

Ein Blick auf die demografische Struktur der Befragten zeigt, dass der Großteil der Teilnehmenden zwischen 27 und 42 Jahren alt ist – also zur Generation Y gehört (Dimock 2019). Zählt man die 18–26-Jährigen der Generation Z hinzu,

4.3 Verständnis für die Unternehmenswerte

machen diese beiden Gruppen zusammen über 80 % der Befragten aus. Dieses Stimmungsbild deckt sich mit der Fachliteratur: Laut Ebner & Eck müssen Unternehmen sich an die Erwartungen der jungen Generation anpassen, die eine moderne Unternehmenskultur voraussetzt (Ebner und Eck 2022). Auch Ginter & Romppel betonen, dass das Verständnis für Unternehmenskultur zunehmend an Bedeutung gewinnt und gezielt genutzt werden kann, um Mitarbeitende zu gewinnen und zu halten. Gleichzeitig darf nicht vergessen werden, dass Unternehmenskultur nicht allein vom Management geformt wird, sondern durch alle Mitarbeitenden geprägt wird (Ginter und Romppel 2023).

Um eine starke Arbeitgebermarke zu etablieren, sollten Unternehmen daher klare Werte, attraktive Benefits und eine zukunftsorientierte Arbeitskultur bieten – insbesondere für jüngere Generationen. Dazu gehören flexible Arbeitsmodelle wie Homeoffice, Job-Rad-Programme oder kostenlose Mahlzeiten in der Kantine. Employer Branding, das Mitarbeitende einbindet, ihre Potenziale fördert und für Zufriedenheit sorgt, ist essenziell, um sich als attraktiver Arbeitgeber zu positionieren und den Grundstein für ein erfolgreiches Corporate-Influencer-Programm zu legen (Ginter und Romppel 2023; Lüthy 2023).

Kommunikationsexpertin Marina Zayats geht sogar noch einen Schritt weiter: Sie ist überzeugt, dass ein Corporate-Influencer-Programm nicht nur die Unternehmenskultur widerspiegelt, sondern sie aktiv verändern kann. Voraussetzung dafür ist allerdings, dass bereits eine Kultur vorhanden ist, die Mitarbeitende motiviert, an einer solchen Initiative teilzunehmen (Zayats 2020). Die Studienergebnisse stützen diese Annahme: Das Zugehörigkeitsgefühl zum Unternehmen hat einen vierfach stärkeren Einfluss auf die Teilnahmebereitschaft als der direkte Support durch das Unternehmen. Das zeigt, dass eine gelebte Unternehmenskultur nicht einfach durch zusätzliche Social-Media-Trainings ersetzt werden kann (Sturmer 2020).

Abgeleitete Maßnahmen

- Entwicklung und Kommunikation klarer Unternehmenswerte
- Bildung eines vertrauensvollen Umfelds
- Darstellen der Sinnhaftigkeit des Handelns
- Anpassung der Unternehmenskultur an die Bedürfnisse der Generation Y und Z
- Integration von New-Work-Elementen in den Arbeitsalltag
- Anbieten flexibler Arbeitsmodelle und moderner Benefits-Pakete

Zusammenfassung und Fazit

Corporate Influencer werden sich nur dann aktiv an einem Corporate-Influencer-Programm beteiligen, wenn sie sich langfristig mit ihrem Unternehmen verbunden fühlen und diese Zugehörigkeit fest in ihrer Arbeitswelt verankert ist. Eine solche Unternehmenskultur, die auf Vertrauen, Wertschätzung, Flexibilität und echtem Miteinander basiert, kann jedoch nicht über Nacht entstehen. Es braucht Zeit und konsequente Maßnahmen, um ein Umfeld zu schaffen, in dem sich Mitarbeitende nicht nur wohlfühlen, sondern sich auch mit Stolz und Überzeugung für ihr Unternehmen engagieren.

Gerade die Generationen Y und Z legen großen Wert auf Sinnhaftigkeit in ihrer Arbeit, Flexibilität und Mitbestimmung. Doch eine moderne, wertschätzende Unternehmenskultur lässt sich nicht durch kurzfristige Maßnahmen oder symbolische Aktionen etablieren – sie muss von der Führungsebene aktiv vorgelebt werden. Unternehmen, die gezielt in eine attraktive, werteorientierte Arbeitswelt investieren, schaffen die Grundlage dafür, dass sich Mitarbeitende langfristig motiviert und freiwillig als Corporate Influencer engagieren. Dabei gilt es, nicht nur in der digitalen Welt präsent zu sein, sondern eine authentische Basis in der analogen Arbeitswelt zu schaffen, die sich glaubwürdig ins Digitale überträgt.

Diese Erkenntnisse verdeutlichen die Herausforderung für Unternehmen: Es reicht nicht aus, ein Corporate-Influencer-Programm einfach ins Leben zu rufen. Vielmehr müssen die richtigen Rahmenbedingungen geschaffen werden, damit Mitarbeitende das Unternehmen authentisch und glaubwürdig nach außen vertreten.

Aufgrund der kleinen Stichprobe und der freiwilligen Teilnahme sind die Ergebnisse der Studie nur als Tendenz zu betrachten. Personen, die bereits Interesse an Corporate-Influencer-Programmen hatten, waren vermutlich eher bereit, an der Umfrage teilzunehmen, was die Repräsentativität der Ergebnisse einschränkt. Zukünftige Forschung sollte größere und repräsentativere Stichproben verwenden, um die Validität zu erhöhen. Zudem sollten einzelne Einflussfaktoren detaillierter untersucht werden, um ein tieferes Verständnis der Mechanismen hinter der Teilnahmebereitschaft an einem Programm zu gewinnen. Auch die Rolle verschiedener Social-Media-Plattformen und der Einfluss von künstlicher Intelligenz sollten in weiteren Studien analysiert werden. Der Fokus dieser Arbeit liegt auf *LinkedIn*, dem aktuell führenden B2B-Netzwerk. Welche Plattform in der Zukunft am besten geeignet sein wird, bleibt offen.

Dieses *essential* zeigt, dass das Gefühl, ein wichtiger Teil des Unternehmens zu sein und „dazuzugehören", für Mitarbeitende entscheidender denn je ist. Damit sie sich als digitale Markenbotschafter engagieren, braucht es eine gelebte und werteorientierte Unternehmenskultur, die:

- eine starke interne Community fördert,
- vom Topmanagement vorgelebt und unterstützt wird,
- auf gegenseitiger Unterstützung basiert,
- ein Gemeinschaftsgefühl erzeugt,
- transparente Kommunikation ermöglicht,
- auf Vertrauen gründet,
- Mitarbeitende aktiv einbezieht und
- besonders für die jüngeren Generationen attraktiv ist.

Sind diese grundlegenden Faktoren gegeben und wird eine moderne Unternehmenskultur bewusst etabliert, steigt die Wahrscheinlichkeit, dass Mitarbeitende bereit sind, sich aktiv an einem Corporate-Influencer-Programm zu beteiligen.

Was Sie aus diesem *essential* mitnehmen können

- Corporate Influencer wirken als authentische Multiplikatoren und stärken die Unternehmenskommunikation.
- Corporate-Influencer-Programme sind vielschichtig und ihr Erfolg hängt von zahlreichen Faktoren ab.
- Eine werteorientierte Unternehmenskultur ist der entscheidende Schlüssel, um Mitarbeitende für ein Corporate-Influencer-Programm zu gewinnen.
- Eine moderne „New Work"-Kultur ist besonders für die Generation Y und Z eine zentrale Voraussetzung, um sich als digitale Markenbotschafter zu engagieren.

Literatur

Ajzen, I. (1985). From Intentions to Actions: A Theory of Planned Behavior. In J. Beckmann & J. Kuhl, *Action control: From Cognition to Behavior* (S. 11–39). Berlin, Heidelberg: Springer Fachmedien.

Ajzen, I. (1991). he Theory of Planned Behavior. *Organizational Behavior and Human Decision Processes.* 50(2), 179–211.

Baas, J. (2023, Oktober 12). *#linkedin – Brauche ich das überhaupt?* [LinkedIn Post]. LinkedIn. Abgerufen am 18.10.2023 von https://www.linkedin.com/posts/dr-jens-baas-a6a9b7217_linkedin-krankenkasse-arbeitgeber-activity-7118211825661304832-pNEd?.

Backhaus, K., Erichson, B., Gensler, S., Weiber, R. & Weiber, T. (2021). *Multivariate Analysemethoden: Eine anwendungsorientierte Einführung.* Wiesbaden: Springer Fachmedien.

Bergk, A., & Slomian, P. (2018). Corporate Influencer: Warum der Geschäftsführer nicht immer die Hauptrolle spielen muss. In A. Schach & T. Lommatzsch (Hrsg.), *Influencer Relations* (S. 225–236). Wiesbaden: Springer Fachmedien.

Blindert, U. (2021, Juni 11). LinkedIn-Unternehmensseite: Sinnvoll oder nicht? *Blog.* Abgerufen am 27.10.2023 von https://www.uteblindert.de/blog/linkedin-unternehmensseite/.

Braehmer, B. (2023). Social Recruiting Erfolg mit LinkedIn – von Zero to Hero! In R. Dannhäuser (Hrsg.), *Praxishandbuch Social Media Recruiting* (5., S. 145–201). Wiesbaden: Springer Fachmedien.

Callebaut, Y. (2022, Januar 5). B2B vs. B2C Influencer Marketing – Die 10 wichtigsten Unterschiede. *Kingfluencers.* Abgerufen am 10.10.2023 von https://kingfluencers.com/de/b2b-vs-b2c-influencer-marketing-the-top-10-differences/.

Cohen, T. (2023, November 1). *Celebrating 1 Billion Members with Our New AI-Powered LinkedIn Premium Experience to Elevate Your Career* [LinkedIn Article]. LinkedIn. Abgerufen am 12.01.2024 von https://www.linkedin.com/pulse/celebrating-1-billion-members-our-new-ai-powered-linkedin-tomer-cohen-26vre/.

Dimock, M. (2019, Januar 17). Defining generations: Where Millennials end and Generation Z begins. Generations. *Pew Research Center.* Abgerufen am 27.10.2023 von https://www.pewresearch.org/short-reads/2019/01/17/where-millennials-end-and-generation-z-begins/.

Döring, N., & Bortz, J. (2016). *Forschungsmethoden und Evaluation in den Sozial- und Humanwissenschaften.* Berlin, Heidelberg: Springer Fachmedien.

Ebner, D. W., & Eck, K. (2022). *Die neue Macht der Corporate Influencer.* München: Redline Verlag.

Eck, K. (2023). Wie Corporate-Influencer B2B-Unternehmen attraktiver machen. In C. Kastner, C. Jacob, D. Hesmer, P. Plugmann (Hrsg.) *Innovative Unternehmensführung: Erprobte Strategien, Techniken und Booster, die Unternehmen und Start-ups zukunftsfähig machen* (1. Aufl., S. 183–198). Wiesbaden: Springer Fachmedien.

Eck, K., Ebner, D. W., & Wunschel, A. (2023). ChatGPT-4 als Co-Pilot für Corporate Influencer? (38). In *Corporate Influencer Podcast.* Abgerufen am 10.10.2023 von https://spotify.link/jgYrK4nkODb.

Eck, K., Ebner, D. W., & Wunschel, A. (2022a). Wie ihr ein Corporate Influencer Programm erfolgreich aufsetzt (3). In *Corporate Influencer Podcast.* Abgerufen am 10.10.2023 von https://spotify.link/qBIjMAB8NDb.

Eck, K., Ebner, D. W., & Wunschel, A. (2022b). Was ist der perfekte Social-Media-Kanal für Corporate Influencer (15). In *Corporate Influencer Podcast.* Abgerufen am 12.10.2023 von https://spotify.link/0NLyNukJRDb.

Eck, K., Ebner, D. W., & Wunschel, A. (2022c). Was das Personal Branding überhaupt bringt (23). In *Corporate Influencer Podcast.* Abgerufen am 12.10.2023 von https://spotify.link/kgPRQ1QDRDb.

Falkenberg, T. (2023, Juni 15). Corporate Influencer*innen – so können sie Ihr Unternehmen unterstützen. Employer Branding Trends. *Factorial HR.* Abgerufen am 17.10.2023 von https://factorialhr.de/blog/corporate-influencer/.

Fishbein, M., & Ajzen, I. (2011). *Predicting and Changing Behavior: The Reasoned Action Approach.* New York: Psychology Press.

Flenter, N. (2022, Oktober 10). 6 Gründe, warum sich Corporate Influencer für Ihr Unternehmen lohnen. *Schluetersche Marketing.* Abgerufen am 23.10.2023 von https://schluetersche-marketing.de/corporate-influencer/.

Gebel, A. (2020). *Social Media im Tourismusmarketing: Wie Urlaubsanbieter in sozialen Medien Sichtbarkeit und Direktbuchungen steigern.* Wiesbaden: Springer Fachmedien.

Ginter, T., & Romppel, A. (2023). *Hit the Culture Button: Unternehmenskultur erfolgreich entwickeln – Potentiale wirksam entfalten.* Wiesbaden: Springer Fachmedien.

Grieder, D. (2023). *It was great to welcome Céline Flores Willers to our headquarters in Metzingen last week.* [LinkedIn Post]. LinkedIn. Abgerufen am 27.09.2024 von https://www.linkedin.com/posts/daniel-grieder_boss-insidehugoboss-activity-7090703489546244096-_7kE/?.

Harms, F. (2024a). *Anteil der befragten Internetnutzer, die LinkedIn nutzen, nach Altersgruppen in Deutschland im Jahr 2021/22.* Zitiert nach de.statista.com. Abgerufen am 16.10.2023 von https://de.statista.com/statistik/daten/studie/812608/umfrage/nutzung-von-linkedin-nach-altersgruppen-in-deutschland/.

Harms, F. (2024b). *Anzahl der Mitglieder von LinkedIn in Deutschland, Österreich und der Schweiz in ausgewählten Monaten von Dezember 2009 bis November 2024.* Zitiert nach de.statista.com. Abgerufen am 17.01.2025 von https://de.statista.com/statistik/daten/studie/628657/umfrage/linkedin-mitglieder-in-der-dach-region/.

Heilmann, I. (2020, Juni 17). CORPORATE INFLUENCER (TEIL 4): WAS MACHT MARKENBOTSCHAFTER ERFOLGREICH? *Blog.* Abgerufen am 10.10.2023 von https://www.palmerhargreaves.de/blog/corporate-influencer-teil-4-was-macht-markenbotschafter-erfolgreich.

Hoffmann, K. (2020). *Markenbotschafter – Erfolg mit Corporate Influencern: Überblick, Strategie, Praxis, Tools*. Freiburg: Haufe Lexware.

Hoffmann, K. (2022, Juni 4). Muss der Arbeitgeber den Mitarbeiter*innen (Arbeits-)Zeit fürs Corporate Influencing zur Verfügung stellen? [LinkedIn Kommentar]. LinkedIn. Abgerufen am 05.10.2023 von https://www.linkedin.com/posts/julian-steigerwald-online-marketing_studie-zeitprobleme-corporateinfluencing-activity-6938388652964102144-Jfy3

Hoffmann, K., & Mondl, E. (2021). *Corporate-Influencer-Pilotprojekt Schwabe Austria GmbH*. Abgerufen am 14.01.2024 von https://www.schwabe.at/wp-content/uploads/2022/02/case-study-corporate-influencer.pdf.

Ivens, S. (2018). *Unternehmensreputation im digitalen Zeitalter: Wie Mitarbeiter die Online-Reputation bei Kunden, Kollegen und Bewerbern beeinflussen*. Wiesbaden: Springer Fachmedien.

Klein, T. (2021). *Der neue Corporate Influencer: Effizientes Social-Media-Marketing mit einem internen Content Creator*. Wiesbaden: Springer Fachmedien.

Knappe, A. (2021). Corporate Influencer – Vorteile, Tipps und Beispiele. *Magazin*. Abgerufen am 11.10.2023 von https://www.reachbird.io/magazin/de/corporate-influencer/.

Kolossa, K., Bay, Z., Meinken, C., & Schneider, C. (2020). BACK TO THE ROOTS, STRAIGHT INTO THE FUTURE. *Trendforecast Creator Marketing* 2021, 37.

Lausch, K. (2023). *TRUST ME. Warum Vertrauen die Zukunft der Arbeit ist*. Freiburg: Haufe.

Lüthy, A. (2020). Recruiting und Employer Branding mit den Mitarbeitern: Corporate Influencer als Unternehmensbotschafter. In R. Dannhäuser (Hrsg.), *Praxishandbuch Social Media Recruiting* (4., S. 377–412). Wiesbaden: Springer Fachmedien.

Lüthy, A. (2023). Diversität als Schlüsselfaktor einer erfolgreichen Markenbotschafter-Strategie. In R. Dannhäuser (Hrsg.), *Praxishandbuch Social Media Recruiting* (5., S. 499–538). Wiesbaden: Springer Fachmedien.

Marcin, M. (2024). *Beyond the Badge: Understanding Employee Reluctance to Become Brand Ambassadors*. [LinkedIn Artikel] LinkedIn. Abgerufen am 18.11.2024 von https://www.linkedin.com/pulse/beyond-badge-understanding-employee-reluctance-become-marcin-majka-hg2yf/.

Mathony, S. (2023, April 17). Warum jedes dritte Corporate Influencer-Programm im Consulting scheitert. *Artikel*. Abgerufen am 18.11.2024 von https://www.consulting.de/artikel/warum-jedes-dritte-corporate-influencer-programm-im-consulting-scheitert/.

Minitab (2020, Mai 10). Wie interpretieren Sie ich das R-Quadrat in Regressionsanalysen? *Minitab Blog*. Abgerufen am 17.11.2023 von https://blog.minitab.com/de/regressionsanalyse-wie-interpretiere-ich-das-r-quadrat-und-bewerte-die-gute-der-anpassung.

Moormann, M. (2021, März 23). Wie Corporate Influencing und die Interne Kommunikation voneinander profitieren. *Blog*. Abgerufen am 06.10.2023 von https://www.coyoapp.com/blog/corporate-influencing-und-die-interne-kommunikation.

Mörk, O. (2023). *Proaktive Marketing- und Vertriebs-Impulse—Content, Automatisierung, KI, Daten & Trends – worauf sich das B2B- und B2C-Business vorbereiten müssen*. Wiesbaden: Springer Fachmedien.

Moseler, C., & Mörk, O. (2021). Social Media in B2B – Die neuen Kanäle erkennen und richtig einsetzen. In U. Seebacher (Hrsg.), *Praxishandbuch B2B-Marketing: Neueste Konzepte, Strategien und Technologien sowie praxiserprobte Vorgehensmodelle – mit 11 Fallstudien* (S. 501–527). Wiesbaden: Springer Fachmedien.

Müller, M. (2024, November 11). *SNOCKS Corporate Influencer müssen wöchentlich posten!* [LinkedIn Post]. LinkedIn. Abgerufen am 18.11.2024 von https://www.linkedin.com/posts/marius-m%C3%BCller-a941691aa_snocks-corporate-influencer-m%C3%BCssen-w%C3%B6chentlich-activity-7261648038543200256-Ji8x?.

Nogai, Z., & Orgis, H. (2023). Diversität als Schlüsselfaktor einer erfolgreichen Markenbotschafter-Strategie. In M. Terstiege (Hrsg.), *Diversität in Marketing & Sales: Best Practices von Agenturen, Beratungen und Unternehmen* (S. 29–57). Wiesbaden: Springer Fachmedien.

Ottersbach, T. (2020). Corporate Influencer in der Unternehmenskommunikation – das solltet ihr wissen! (269). In *Digitales Unternehmertum – rund um das digitale Business*. Abgerufen am 18.10.2023 von https://open.spotify.com/episode/6U9OXUnGf9QQUKThj1jRny.

Radde, B. (2021). *Growth Hacking LinkedIn*. Hamburg: Tredition.

Reck, T. (2023). Warum Corporate-Influencer-Programme in 99% der Fälle scheitern (3). In *Insight Power Hour*. Abgerufen am 10.10.2023 von https://spotify.link/CtawVpr4NDb.

Roemer, E. (2014). *Internationales Marketing Management*. Stuttgart: Schäffer-Poeschel Verlag für Wirtschaft Steuern Recht GmbH.

Salzburger, S., & Würminghausen, P. (2023, November 8). Ich bin Konzern, der Konzern bin ich. *Süddeutsche Zeitung*, 14. Abgerufen am 27.10.2024 von https://www.sueddeutsche.de/projekte/artikel/wirtschaft/corporate-influencer-linkedin-arbeitswelt-e605179/?reduced=true.

Schach, A., & Lommatzsch, T. (Hrsg.). (2018). *Influencer Relations: Marketing und PR mit digitalen Meinungsführern*. Wiesbaden: Springer Fachmedien.

Scheller, S. (2022). Corporate Influencer – Die neue Kraft im Employer Branding? (45). In *Klartext HR*. Abgerufen am 27.10.2023 von https://open.spotify.com/episode/0mGqBpeAYJMiQI57ly7McE?si=olczxcjzSNK2hg7FaI_tlw.

Scheuer, D. (2020). *Akzeptanz von Künstlicher Intelligenz: Grundlagen intelligenter KI-Assistenten und deren vertrauensvolle Nutzung*. Wiesbaden: Springer Fachmedien.

Schmidt, H. J., & Baumgarth, C. (2018). Strengthening internal brand equity with brand ambassador programs: Development and testing of a success factor model. *Journal of Brand Management*, 25(3), 250–265.

Stellenanzeigen.de (2023, November 15). Corporate Influencer Programme: 10 Fragen an Klaus Eck. *Wecruit – Das Arbeitgebermagazin*. Abgerufen am 10.10.2024 von https://www.stellenanzeigen.de/arbeitgeber/wecruit/corporate-influencer-programme-interview-mit-klaus-eck/.

Sturmer, M. (2020). *Corporate Influencer: Mitarbeiter als Markenbotschafter*. Wiesbaden: Springer Fachmedien.

Team HR (2019). Was ist eigentlich Employee Advocacy? *Team HR*. Abgerufen am 15.10.2023 von https://team-hr.de/was-ist-employee-advocacy.

Termöllen, L. (2023). *Corporate Influencers as Communicators: Potential Challenges from an Organizational Perspective*. [Masterarbeit, Karlstad Business School]. Abgerufen am 17.11.2023 von https://www.diva-portal.org/smash/record.jsf?pid=diva2%3A1789328&dswid=1205.

The People Branding Company (2024). *#FacesofHenkel Casting Day: Check. Jetzt geht es mit den Trainings los!* [LinkedIn Post]. LinkedIn. Abgerufen am 18.10.2024 von https://www.linkedin.com/posts/the-people-branding-company_facesofhenkel-castingday-corporateinfluencer-activity-7210888324624891904-Aaq0?.

Literatur

Tomczak, T., Brexendorf, T., Kernstock, J., Henkel, S., & Wentzel, D. (Hrsg.). (2012). Der Funnel als Analyse- und Steuerungsinstrument von Brand Behavior. In T. Tomczak, T. Brexendorf, J. Kernstock, S. Henkel, & D. Wentzel (Hrsg.). *Behavioral Branding: Wie Mitarbeiterverhalten die Marke stärkt* (3., S. 82–99). Wiesbaden: Springer Fachmedien.

Uniconsult Kiel (o.J.). *Personal Branding und Corporate Influencing – wie du mit persönlichem Marketing für deine Brand überzeugst*. Abgerufen am 17.10.2023 von https://uniconsult-kiel.de/personal-branding-und-corporate-influencing-wie-du-mit-persoenlichem-marketing-fuer-deine-brand-ueberzeugst/.

Willers, C. (2024). *Wir haben eine Software für Corporate Influencing entwickelt, die wir im Team selbst täglich nutzen* [LinkedIn Post]. LinkedIn. Abgerufen am 18.10.2024 von https://www.linkedin.com/posts/c%C3%A9line-flores-willers_wir-haben-eine-software-f%C3%BCr-corporate-influencing-activity-7221386333351481344-_LEw?.

Zayats, M. (2020). *Digital Personal Branding: Über den Mut, sichtbar zu sein. Ein Guide für Menschen und Unternehmen*. Wiesbaden: Springer Fachmedien.

MIX
Papier aus verantwortungsvollen Quellen
Paper from responsible sources
FSC® C105338

If you have any concerns about our products,
you can contact us on
ProductSafety@springernature.com

In case Publisher is established outside the EU,
the EU authorized representative is:
**Springer Nature Customer Service Center GmbH
Europaplatz 3, 69115 Heidelberg, Germany**

Printed by Libri Plureos GmbH
in Hamburg, Germany